JN409217

안부가 그리운 하루

안부가 그리운 하루

인　　쇄　　2015년 12월 24일
초판1쇄발행 2015년 12월 30일

지 은 이　한명숙
펴 낸 이　양상구
웹디자인　김초롱
펴 낸 곳　도서출판
주　　소　100-861 서울시 중구 삼일대로6길 13
(서울빌딩202호)
전　　화　02-704-3301
팩　　스　02-2268-3910
H .P　010-5466-3911
E.mail　ysg8527@naver.com

안부가 그리운 하루

한명숙 시집

도서출판 채운재

시인의 말

1963년 바람 많고 돌 많고 여자 많은 삼다도에서 태어나 고등학교를 졸업하고 92년 초까지 비바리로 살았다. 세 살 때 소아마비를 앓아 한쪽 다리가 5센티는 짧고 구두를 오랜 시간 신고 있지 못한다거나 운동화는 걸음을 뗄 때마다 벗겨져 아예 신으려 하지도 않고 치마 입을 생각은 엄두도 못 냈다. 어머니께선 6km나 되는 거리를 업고 1년 동안 하루도 빠짐없이 걸어서 침을 맞히러 다녔다고 한다. 그런 어머니 덕에 그럭저럭 생활하는 데는 불편함 없이 살아간다.

내리 딸만 넷을 낳고 아들을 낳아 터를 잘 팔았다는 이유로 혹은 장애인이라는 이유로 집에서는 다른 형제들보다도 많은 혜택 속에 살았고 고등학교 졸업할 때까지만 해도 장애인이라는 걸 인식하지 못하고 살았다.

고등학교를 졸업하면서 취직이라는 거대한 명제 앞에 무릎을 끓어야 했을 때까지는... 다행히 초등학교 4학년 때 담임선생님의 배려로 아주 작은 분교로 실습을 나가 보조 선생님으로 일을 하다 1982년 졸업하자마자 동네 유치원 선생님을 했다.

조그만 동네의 유치원이라 원장도 없이 혼자서 유치원을 운영하면서 재미난 세상을 살기도 했었다. 그런데 우여곡절 끝에 얻은 큰아들이 다섯 살이 되던 해 결핵성관절염이라는 병명으로 장애인이 되었다. 엄마가 장애인이고 아들까지 장애인이 되었으니 그때의 상황은 그녀가 세상을 살면서 최악이었을 것으로 미루어 짐작해본다. 물론 그때 세상을 함께 헤쳐나갔던 큰아들은 지금은 삼성의 직원으로 일하고 있다. 참 다행스런 일이다.

어설픈 사회생활이 전부였던 그녀가 밥벌이를 하기 위하여 사회로 뛰어들어 장애인협회 일을 하기도 하였고, 서점, 광고회사, 분식점 등을 하였다. 다시 두 번째 밥벌이를 해야 할 때는 늦둥이 아들놈이 20개월, 학연, 지연 없는 곳에서 막막한 사회로 뛰어들어 배운 게 도둑질이라고 장애인협회 일을 하면서 장애인들의 권익과 비장애인들과 당당히 경쟁해야만 하는 숙제를 안고 늘 배우기를 멈추지 않는다.

직장생활을 하면서 사이버대학에 진학하여 건강가정사와 사회복지사 자격증을 취득하였고 궁핍한 생활 덕에 돈을 벌어야 하였기에 독서지도사, 방과 후 아동지도사, 아동교육전문강사, 한부모가정지도사, 반편견이해교육강사 자격증 등을 취득하여 밥벌이도 하고 봉사활동도 하면서 한 부모에 대한 편견을 해결하고자 노력하였고 도서관에서 아이들의 독서지도 결혼이주

민여성들과의 한국어공부의 일환으로 다문화가정과 함께하는 전래동화 읽기, 그녀에겐 살아갈 만한 이유들이 참 많았다.

2005년 여성가족부 법인 장애여성단체 <내일을 여는 멋진 여성>의 강원도 협회장과 중앙회 부회장을 맡아 일을 하였고 2006년 그 인연으로 여성가족부 워민넷 사이버멘토링에서 멘토로 활동하면서 그해 여성가족부장관상 모범멘토링 상을 받기도 하였다. 경제적으로도 조금은 여유로워져 4년제 대학에 편입하여 전문적인 사회복지사로서도 자격을 갖추었다.

지나오면서 배고픔처럼 찾아오는 갈증은 닥치는 대로 공부하는 습성이 생겼고 또 그 덕에 많은 자격증을 취득하게 되었다.

학교 다닐 때 더러 글 솜씨도 있었는지 백일장에 글을 내면 뽑혔고 학교 복도에 시화로 걸린 시도 몇 편이나 된다.

2001년 5월, 5개월 된 늦둥이를 데리고 신사임당 백일장에 참가하여 장려상으로 입상하였다. 그래서 시를 참 잘 쓴다 생각했었다. 그때부터 끄적거리는 일을 시작하였고 그 후에 백일장과 공모전에서 산문 부문 9회, 시 부문 13회 입상을 하였고 2006년과 2007년에 청민문학상과 전국근로자문화제에 소설이 입선되면서 그때는 소설도 잘 쓰는 줄 알았다.

그렇게 힘들 때마다 글로 풀어내며 글쓰기는 그녀의 일상이 되었다.

2008년 제6회 실로암문학상 대상, 2009년 월간 <모던포엠>에 신인상을 받아 정식으로 등단하여 그해에 최우수신인상도 받으면서 이젠 책을 내도 되겠다 싶었다.

그런데 시 500여 편, 수필 100여 편, 동화 50여 편, 장편동화, 동시, 단편소설 등을 써놓고도 곤고한 삶은 그럴싸한 시집 한권 내지 못했다.

그나마 삶이 조금만 여유로워지면 얼른 시집 한 권 내야지 하던 게 주제넘게 문협 지부장이란 직함을 5년 차 하다 보니 그나마 절약하던 살림도 지부장 몫을 해내느라 다 쓰고 만다. 이제 멋진 시집 한 권 내어 명함처럼 내밀고 싶다.

그녀의 글을 읽는 사람들은 글 속에 슬픔이 참 많다고 한다. 하지만 슬픔은 나누면 반이 되고 기쁨은 배가 된다지 않던가, 그녀의 슬픔이 안겨줄 심상, 더러는 미안한 생각이 들기도 하지만 이제 그 슬픔 하나 오롯이 세상에 내어놓고 싶다.

차례

1부 시인의 짝사랑

2부 안부가 그리운 하루

차례

3부 마흔일곱살의 사랑법

4부 나의 흔적

5부 내가 만난 사람들

6부 모던포엠 포커스

7부 나의 입상 작품들

8부 축하의 글

1부
시인의 짝사랑

산그늘 작은 집에서도
하얀 꿈 먹고 살아
작은 풀잎에도 가슴 졸이고
제비꽃 한 송이 피어도 화들짝 놀라
작은 텃밭 일구어낼 생각에
봄이 빨리 왔으면 좋겠다는
미련한 생각으로 작은 꿈 키워도
들꽃 산 꽃 다 피울 수 있어
어떤 시인의 말처럼 이 세상
소풍 온 것은 아니더라도 파란 별 배낭여행 왔다고 생각하자

퍼즐게임

두껍게 말아 올린 더위
여과되지 않는 빛 사이
한 생이 버렸음 직한 뭉툭한 삶이 내려앉는다
초록이 아우성치는 비릿한 땀 내음
제 몸에서 나온 수고로움이 이물질처럼 다가선다
누구도 아픔이라 말하지 않았다
그저, 오는 계절이라고
다만, 코끝을 스치는 바람결에
간혹, 눈살을 찌푸릴 뿐
희미한 기억이 남아있는 뇌리엔
무성하게 돋아난 잡초들
채 알아채기도 전에 스러지고 말
정신 결핍자가 쓰다 버린 헌 조각들을 애써
맞춰보는 것이다
이리저리 맞추다 제자리 찾아간 두꺼운 종이
그들도 아파하지 않았다
잠깐의 흔들림이었다고, 그래
짐짝처럼 버려진 시간들을 다시
되짚어보는 것이다

시인의 짝사랑

시인의 집의
저녁은 짧아서 아름답다
통유리창으로 드는 노을
휴일의 들꽃이 가져다준
소리에 물들리다
보고 싶은 얼굴 떠오르고
한여름 저녁의 詩 한 줄
물푸레나무
곁을 서성거린다

채워지지 않는 허기로 배를 채우고
하루를 정리하는 시간
백열등이 켜진 빈집
청정한 산의 소리
적막하게 허공을 맴돌면
그리운
맑은 얼굴 하나
가슴속을 파고든다
보고픔에 애절한 향기
모기향처럼 번져간다.

나에겐 또 다른 심장이 있다

나에겐 또 다른 심장이 있다
나의 의지와는 관계없이
나의 삶과도 숨 쉬는 것과도 상관없는
뜨거웠던 삶이 핏물을 토해낼 때나
무의미한 삶을 되새김질할 때면
툭 튀어나와 쿵 쿵 뛰는

머리로 흐르고 가슴으로 토해내는
쉰 네 살의 서러운 삶을 버려야 했던
어머니가 저 세상 가던 날이던가
마흔네 살의 짧은 생을 마감해야 했던
동생이 주검을 알려왔던 날처럼
내 의지와는 상관없는 심장 소리

빈 벽에 눈을 마주한 멍한 시선이나
하얀 새벽 홀연히 잠 깨인 그리움이나
꼭 꼭 잠긴 나의 창문이 싸늘하게
손잡이에서 온 몸으로 전달될 때
느껴지는 피가 멈추어버린 소리

심장을 거슬러 제멋대로
온몸을 돌아 나와 거꾸로 흐른다.

원대리 자작나무숲

그곳에 가면
질펀하게 늘어져 오랜 꿈을 꾸고 싶다
마냥 풀어헤친 꾸미지 않는 삶으로

빈가지 흔들어 무성하게 자라
제 몸 살아있노라 아우성치는 계절
재잘대는 이름 모를 새
숲 속으로 나뭇잎처럼 우르르 날아가고
작은 바람 사이로 비치는 햇살

하늘 우러러 가만 눈 감으면
풋풋한 바람 눈물 나도록 고맙고
너의 상처 가슴으로 오롯이 내려와
은빛 살결 뽀얀 눈물보다 더 깊은
숨소리가 들린다

마디마디 눈꽃 피었다 진 자국마다
퀴퀴하게 익은 어머니의 된장처럼
옛날이야기 우르르 별빛처럼 쏟아진다

가끔은

한 열흘, 스무날 소금물에 푹
절였다 나오면 정신이 맑아지려나
별다르게 욕심낸 적 없고
모질게 산적도 없건만 정신이 몽롱하고 흐리다

어찌 세상 인심사 이리도 험난하고 야속할까
그런 날도 있었을 테지
미워한다 원망해도 궁금해지고
무심타 돌아서면 다시 보고 싶은

열어 보이는 가슴마다 한숨만 나와
산골마다 흘러드는 녹음 붙잡고
산도 되어 보려 하고
한련화, 분홍찔레, 나리꽃
활짝 웃으며 반기어도
아직도 돌아서면 정신이 몽롱하다

열반주

세상 시름 다 놓고
실컷 자다 실컷 놀다
다시 제 자리로 돌아올 수 있다면
숨 쉬는 일까지도 놓고 싶다

상념의 끝을 놓아주지 않던
말 많았던 지난 시간들
단물이 다 빠져나간
오랜 질겅거림으로 남아있는 삶

맥주잔에 소주 한 잔 부어
맥주로 채운 소맥 한 잔
심장으로 들어가 모세혈관 지나
오가는 정 덤으로 얹어지면

앉아있는 게 구름이요
말하는 게 설법이라
삼라만상이 세상 속으로 들어와
세상이 다 내 것이라

오호! 요상한 그것
몸속으로 들어와 자리를 트니
욕심낼 것도 없고
시시비비도 별것 아니더라

아주 오래된 책에서

추억을 먹었다
이해가 가지 않던 시절에 읽었던
그리운 책을 다시 집었다

오랜 온기가 남아있는
어머니의 젖가슴 같은 비릿한 낡은 냄새
질펀히 흐르는 안갯속 작은 능선
얼음이 피워 올린 추운 안개는
차마 오르지 못한 하늘길 아쉬워
아픔을 되새김질 하듯
그 값싸고 헐한 그리움들을 물들인다

문득 멈추어버린 시간
홀연히 지나가는 바람, 곁에서
살아가는 이유조차 아직 찾지 못한
오랜 인연
책 속의 첫사랑은 그 기억을 붙잡고
오래도록 숨을 쉬고 있었다.

기적

밤새
휘몰아치는 바람을 뚫고
사각진 좁은 울타리, 걷어차인 벽마다
돌아서 나온 뿌리로 엮어
힘겨운 듯 고개를 내밀었다

깊은 산에서 자리를 옮겨
옹색하게 마련한 사각 황토집
접시만 한 터 닦고 가슴으로 안은
자유 억누르며
새 자리에 익숙해지기 위한
서러운 몸짓

그 미안한 마음에
가슴 졸이며 마음 준 눈길에
은방울꽃, 자잘한 방웅들 꽃대궁 밀어냈다

손이 아프다고 말한다

허겁지겁 뛰어들었던 마룻바닥을 바라본다.
이리저리 뒤엉켜진 신발
모자이크처럼 각인되어 나뒹군다.
움직이지 않는 풍경 속으로
어머니의 손이 보인다
몽타주처럼 슬라이드 판이 움직인다
때론 붙어있는 반창고가 너덜너덜 매달려 있는
초라한 손
그 반창고가 까맣게 주름이 패인
혹은 밥상 차릴 때 상 모서리를 힘겹게 든 낡은 손
어머니는 농사꾼이었다
아버지는 이장 12년 겉멋의 호인이셨고
아홉 식구의 밥줄은
어머니 손에 달려 있었다
멍하니 앉아 마루에 올라온 손을 본다
뭉툭하게 떨어지다 붙은 손끝
김장을 하다 손을 베었다
피가 멈추기를 기다렸지만 소용 없다
덕지덕지 붙은 피 묻은 반창고 사이를 비집고 살점이 흐르다
결국 떨어지고 만다
어머니의 가신 길처럼 얼룩진 핏 무덤

슬픔이 떨어진다
그리움까지 덧붙여 아려온다
아프다

마음의 비 그친 오후

무의미한 일상을 접고 집으로 돌아가야 할 시간

밥솥에는 잡곡밥이 유년의 알싸한 그리움 머금고
고슬고슬 소리 내며 웃고 있을 것이다
때론 안 먹고 사는 일도 즐거운 일이다
마음 맑아지고 풋풋한 바람이 눈물 나도록 고맙고
사소한 일에도 감사, 라는 웃지 못할 일들을 선물한다

단풍잎 닮은 새들이 아스팔트 위에 조잘조잘 이야기 자국 남겨두고
헐벗은 숲 속으로 나뭇잎처럼 우르르 날아갔다
밤새도록 째깍째깍 초침에 맞춰 하릴없이
훈훈하게 방안을 데워놨던 심야 보일러는 아직 채 식지 않았을 것이다

기껏 해 봐야 벨브 세개로 연결된 여나믄 평수
메주덩이 곰삭은 냄새 물씬 풍기는 현관은
따뜻한 봄날 맛있게 발효될 것이므로 너그럽게 보아주자
거실 한켠 어지러이 흩어 놓은 시집
오늘은 거기서 맛깔 나는 시어 한 줄 만날 수 있겠지

싸락눈 그치고 마알간 햇살 심연을 비추는 시간
한나절 내내 마음속으로 내리던 비 그치고
고요 속으로 잠겨드는 평온한 오후를 맞는다
무지갯빛 눈망울 초롱 하니 참으로 곱다

7월의 어느 날(7월 17일)

우박이 쏟아졌다

차 유리창에 부딪혀 통통 튀어 오르는 말간 그것
살아 숨 쉬는 계절 사이로
세월을 휘돌아 아프다고 말하는 슬픔
멎었던 심장이 터져 숨이 막힐 것 같다
아니, 몸서리치도록 잊어버렸던 기억을
한 줌 꺼내는 일이었다

섬뜩하게 살갗을 뚫고 튀어 오르는 익숙한 상념
밤이 내리는 속도만큼이나 긴장된
숨이 멎을 것 같은 조용한 시간
나무가 서서 성큼성큼 산을 내려오고
바위만 한 돌덩이들은 옛길을 찾아 아우성쳤다
어머니의 숨결이 살아 숨 쉬는 터전은 그렇게
강바닥에 주저앉아 소리 내어 울었다. 윙 윙

제자리를 찾아 아우성치던 몇 시간
죄 없는 목숨 줄 몇 끊어 놓고
순식간에 아수라장이 되고 말았던 기억
기생하는 바이러스가 골수마다 파고드는
무서운 욕망의 직립(直立)

긴 기다림으로 달궈진 들리지 않는 신음소리
시큰둥한 외면을 털어낸 조록 잎 계절

동그란 투명물체에 반사된
햇살이 따사롭다.

손님

새벽 세 시 반
길게 운전을 한 탓이라 여겼는데
마음이 지친 것이었다

잦은 기침이 찾아오더니
애써 버티어 온 삶의 찌꺼기들이
우르르 소리를 내며 주저앉았다

편도선이 부어오르고
가래가 들끓는 목구멍은
이내 머리로 신호를 보낸다

사각 유리창
가로등이 언제나 그랬듯이 희미하게
어깨를 덮어주는 초라한 이불

애써 슬픔이라 말하고 싶은데
메말라버린 인내심은 독기만 뿜어내고
신열을 토해낸다

오월의 밀월

뽀얀 속살 잎새에 숨어
움푹패인 보조개 앙다문 입술
눈자라기 오물거리는 수줍은 몸짓으로
다소곳이 돌아앉았다

무더운 여름, 목젖 울렁이는 바람에도
끈끈한 정으로 삯인 할머니의 낡은 사랑처럼
알싸한 그리움 씹히는 푸른 별
수줍게 노래하던 먼 기억 속의 감꽃
마침내, 서리 맞고 발갛게
기꺼이 까치밥으로 내어주기 위한

우수수 떨어지는 어머니의 한 맺힌 삶처럼
실오라기 한 점 남기지 않고 오롯이 자리 내주어
젖줄 먹여 붉은 홍시 키운다

미시령 옛길에 서서

지나가다
자투리 길옆에 차를 세웠다
이천칠백원 자리 돗자리 나무그늘에 깔아놓고
끄적끄적 지나간 추억거리 꺼내
기꺼이 요리해본다

비빔밥이었던가, 올챙이국수?
자리 물 회? 된장 알갱이 시원하게 풀어헤친
오이냉국? 기름기 없이 바싹 구워낸
아버지가 좋아하던 김치 부침개?
보리밥 대나무 소쿠리에 알싸하게
더운 김 빼내 유채꽃 향기 듬뿍 들어간
꿀을 넣고 비빈 어머니표 꿀 밥?

360ml 얼음 생수통이 다 녹아
바닥이 났는데도
이름표 부쳐줄 요리 하나 완성하지 못했다
옛 추억 알캉알캉 씹히는
달콤한 요리 배부르게 먹고 싶다

용대리의 젓줄, 황태

무딘 지문이 얼얼하다
타오르던 태양이 지쳐 돌아갈 때쯤
한겨울 추위 겹겹이 뒤집어쓴
검푸른 물결의 비릿한 냄새

장례를 치르지도 못한 생의 마지막이
용대리 너른 판에
꿈을 채우기도 전에
내장이 다 발려져 거꾸로 매달렸다

별빛이 유난히 성글은 밤

용대리의 젓줄, 황태
민초들의 삶이 건져낸
그 나즈막한 이름으로
하늘 위로 바라보는 멀건 희망

할머니의 굽은 손끝 관절을 먹고
밥상 위로 혹은 제사상의 높은 자리에도
혹은 술주정뱅이의 한 끼의 해장으로
기꺼이 남겨진 몸뚱이마저 내준다

도시가 수다를 떨고 있다

몇 해 전 여름
뙤약볕 일그러진 수수밭 사이로
간간이 불어오던 바람
시원한 등줄기 타고 무시로 떨어지던 밤하늘
이슬 머금은 장맛비 며칠을 오락가락하더니
분분한 이야기가 봉분을 만들고
미처 헤어 나오지 못한 설움이
한꺼번에 쏟아졌다
나무가 성큼성큼 서서 산을 내려오고
채 안부도 물어보지 못한 굳게 잠긴 문은
물살을 이겨내지 못해 스스로 주저앉았다

물이 삼켜버린 길은 강을 만들고
숨 막혔던 산은 오랜 각질을 벗어내듯
힘없이 무너져 내렸다
사람이 물에 쓸려가고 산더미에 파묻혔다

잊혀지지 않을 것 같았던 끔찍한 악몽이 채 잊기도 전
무지라고 시골 사는 무지라고 여겼건만
다시, 도시가 울음을 토해냈다
여전히 사람들은 흙더미에 파묻혔고
분분한 이야기들은 봉분을 만든다
재난이라 명명하여 하늘에 순응해야만 했던 일이
인재라며 사람이 사람에게 책임을 물었다
수많은 사람들의 입과 입을 통해

고라데이

몸살을 앓았다

군데군데 허공으로 살을 채운
몇 개 남지 않은 단풍들이
아직도 계절의 아쉬움을 붙들고 있는 걸까
어깨를 부딪칠 때마다
무언가를 아쉬워하며
스스로 몸을 찌르르 떤다

어제만 해도
줄을 지어 오색에서 한계령까지
움직이지도 않고 서 있던
차들의 행렬은
먼
이국의 이야기처럼
가슴속을 휑하니 뚫고 지날 뿐이다

외로운 사람들의 낮과 밤을 지나
힘겹게 자리 잡은 터
가난의 살 내음이
서러운 등골을 타내려
굳게 자리 잡아
한계령의 가벼운 이별들을
묵묵히 지키고 서 있다

* 고라데이 - 골짜기의 강원도 사투리

정동진역

작열하는 태양이
오열을 하듯 토해낸 붉은 바다
시선이 한곳을 응시하면서
동공에 들어온 바다를
온몸으로 받아내고 있었다

바다속으로 파르르 떨면서
각질을 벗겨낸 알몸이 던져지고
바다는 검푸른 빛으로 변했다
아무것도 분간할 수 없는
가끔씩 요란한 소리를 내며 비행하는

빛
조금씩 흔들리는 바다

침묵의 시간이 몇 겹이 지나
가느다란 흔들림으로
존재를 알리던 고기잡이 배
다시 하얀 빛으로 몸을 드러내
수평선 너머를 붉게 물들이며 다가오는
아침바다

生의 길목에서

가을이다
시내 사거리에 은행나무를 자른다고 했다
매일 그 나무잎에 묻혀 사는 사람들은 좋아했다
의견이 분분했다
사거리 상가 주인들의 여론을 수렴하기로 했다
울창한 노란 나무는 간판을 가리고
청소부 아저씨의 골칫거리다
내가 아는 순덕이 언니,
그 나무가 없으면 사거리는 죽은 거리가
될 거라고 무지무지 가슴 아파했다
오래된 은행나무는 열매도 열리지 않고
또한 열매가 열린다 해도 그 냄새는
오줌통에 들어갔다 나온 것 마냥 찝찔하다
갈등이 생겼다
나의 생각이 나무의 생을 보장할 수 없겠지만
죽어가는 마지막 길에 장승 곡은 되어 줄지도
늙어서 베어 버리는 거라 했다
멍하니 사거리를 바라본다
이 가을이 지나면 울창한 저 나무는 생을 마감한다
노란 단풍잎들이 제법 맛깔스럽다

물망초

차고 슬픈 것이 가득하다
보랏빛 향연 촉촉한 잎마다
맑고 청아하게 빛나
그 그리움 더하는 애절한 몸 짓

문득,
쌓았다 버려진 시간들을 생각한다
슬픈 너는 항상 외로움의 연속이라
늘 허허로움의 가슴 아려도

한여름 청정히 물오른 계절
그리움으로 피어오른 여린 꽃잎
그 꽃잎 그리며 영글어 가다
계절 마디에 쓰러지는 너는

늙은 어머니 마른 젖꼭지처럼
채워지지 않는 허기로 토해내는 메마른 기침
계절의 지나간 흔적을 온몸으로 안아
세상을 살아낸 흔적이다

준비된 이별

믿음이란 것이 흔들린다
존재의 가치를 몰라 허덕이던 날들이
비수를 꽂았다.
보잘 것 없는 시간들이란 걸 알려 주는데
그토록 오랜 시간을 에돌아 오면서도
순간, 자신을 알아챈 혹독한 자리는
그렇게 빨리 인정도 없이 왔다.
상처뿐이었다.
돌아서야 하는 순간에도 미련을 떨었던 기억들까지도
여태 몸 안에 살아
실핏줄 하나하나에 세균 덩어리를 키웠으면서도
진실을 알려주기 위한 몸짓에는 서투름이 없다.
숨 쉬며 사는 공간에 턱까지 차오른 자존심
웃어야 하는 시간이 경멸스럽다.
이제, 모든 걸 놓아버리자
아프면 아프다고, 몸속으로 끓어오르는
준비되지 않는 감정을 추스르기엔
이미 늦어버린 양식이 배고프다

2부
안부가 그리운 하루

바람에 흔들리는 종려나무잎
먼 남국을 꿈꾸는
그 흔들림보다
더한 서러움으로 다가서는 어둠
글쓰기를 멈추고
불을 꺼 하루를 모은다
어둠 속으로 한없이 빨려드는
긴 어둠의 터널을 뚫고 들려오는
익숙한 소리
더러는 눈물이 되고
더러는 웃음이 되어
엷은 구름 사이 하늘로 가는
빛
모아
편지를 쓴다
너에게

새벽거리

성탄절이 훨씬 지난
상점 유리 아름다운 전구는
이상한 힘이 있어 깜빡일 때마다
감탄사는 흐뭇해 한다.
오! 아름다워라, 크리스마스트리.
성탄 전야의 불빛 사이로 사람들은
선물 상자 건네는 즐거운 마음으로
거리의 일부가 된다.
아이들은 거리의 회전목마에 올라타
1995年 전 시간 여행을 하면
달력엔 생일과 성탄절은 같이 케익을 자르고
연인은 핑크레이디 달콤한 잔 속 침대 같은
사랑에 취하면 거리는 들떠있다.

마지막 노래방 계단을 오르며 시계를 본다.
11 時 45 分.
짐칸을 개조해 가스렌지가 실려 있는
1톤 봉고.
영덕게란 서투른 글씨가
두꺼운 종이에서 젖고 있다
그 속에 가보지 않은 영덕의 앞바다가
파도를 치자 형태를 잃어가는
영덕게 그리고 글씨

새벽 12 時가 넘으면
거리는 조용해진다.
술집에 나오며 만나는 취한 혀들의 질문.
산다는 게 무엇인가?
죽고 싶다.
너무 많은 질문을
새벽은 거리의 책임으로 남긴다.

지슬

참으로 멀게 온 길이다.
지난 계절 무수한 이야기들로
토방 집 땅속에서 잠을 자던
끈끈한 정으로 삭인 할머니의 낡은 사랑처럼
오랜 각질로 털어낸 이야기들은
눈 속에 묻히고 묵묵히 거름이 되어갔다

바람은 요란한 소리를 몰고
겨울을 재촉했다
인내로 참아낸 한 맺힌 지난 시간은
거름이 키워낸 자양분으로 알알이
열매를 키운다
소리 내어 우르르 쏟아진다

뜨거웠던 열정은
한바탕 바람이 남기고 간 흔적을 안고
말없이 기온을 떨구어 발가벗은 채
하고 싶은 이야기들은
가시처럼 지나온 세월 꾹꾹 다시 밟으며
땅 밖으로 나오려 한다

토실토실한 열매만 건져내자
군더더기도 모두 버리자
그리하여, 한숨 섞인 소리
가슴 속으로 안아
이젠, 진실만을 이야기하자
수많은 열매를 키워내기 위해 죽은 이들은
빨갱이, 좌파가 아니라
저항하는 민중이었다고

** 지슬 : 감자의 제주도 방언

머들

어딘가에 슬픈 영혼 하나 있어
잠깐 어루만진 손끝이 차가웠던 것이다
아플 만큼 차가워진 손끝이 아려오면
심장의 박동 소리로 살아 있음을 통보하자
그래도 아파오면 아프다고 말하자
외면했던 그 시간들이 떠올려지더라도
혹여, 등 돌려진 시린 손끝이 심장을 향해
비수를 꽂더라도

식민지하에서 벗어난 지 3년 만에
나라의 허리를 부러뜨린다는 이야기에
민중이 분노했다.
무장대가 아니라 불가항력의 주민들은
처참한 대가를 치르고 숭고한 정신을 남겼다

산중을 헤매다 잡혀 와 학살당하고
반년이 지나 토벌대가 지나간 시체는 이미 썩어
형체도 알아볼 수 없어 빈 봉분을 만들고
혼을 불러 만든 무덤
외면된 시간, 닮았다
부모 형제 잃고 한으로 밭을 일구며
하나씩 쌓아 놓은 저 무더기들
지난 시간은 오랜 이야기를 안고
하고 싶은 이야기 허옇게 드러냈다
해야 할 말들이 너무 많아 한숨으로 토해내는

** 머들 : 돌무더기의 제주도 방언

혼돈의 시간

양파껍질을 깠다. 동공 안으로 들어온 짜릿한 냄새
수돗물 흐르는 소리에 눈물의 흐름을 채워본다
늘 위태로웠던 길,
의식하지 않는 일들은 아무렇지도 않듯 무관심으로 무장해 보지만
내 안의 내가 나올 짬이 없어 허둥대며 돌아앉은 자리
준비하지 않는 시간은 아픈 상처로 되돌아오고
잊혀지는 게 두려워 잊어져가는 기억 뒤로하고
가슴 쓰러 내리던 시간,
하루에도 몇 번씩 의식 없이 그리움의 문을 연다
굳게 잠긴 빗장, 스러지는 희망은 어설픈 몸짓으로 희미하게 웃고
붙박이장처럼 쓸모없이 마냥 그 자리에 있다

통과 중

지긋한 삶의 연륜이나 세심한 배려도
절제된 경험이 누렇게 떠 있는
육화(六和)된 언어는 갈기갈기 찢겨져
가슴에서 묵직한 덩어리 하나 올라와
피 울음 토하고 절망하는 시간
공허한 작위는 허공을 맴돌다 이내 스러지고

눈물겨운 몸짓이라도 무심하다 여기면 그 뿐
낯선 길이라 여겼다
생각이 한 구비 돌아갈 때마다
상념을 떨치며 툭툭 터져 나오는 엇갈림

문득문득 스쳐 가는 설움 덩이
아직은 내 안에서 내가 나오지 못한 것이다.
젊은 날 더러 무식하게 용기 내어 보던
그때가 아님도 탓일 것이다
밤새 질척이던 빗살이
심술부리듯 내려놓는 햇살
오랜 설움이 더위 몰고 하늘 높이 떠 있다

퇴고를 하며

오랜 가슴앓이
시력詩歷의 흔들림이다

감정이 복받치는 문자들이 보리밥처럼 끈기를 잃어
절제되지 않는 언어들은 이리저리 뒹굴고
존재하는 현실 버거워 넋두리해대는
무성해진 웃자란 잡초처럼 을씨년스럽다

온 힘을 다해 쏟아버린 열정은 이내 말이 없다
투명한 한지처럼 삶의 욕망을 탈색시켜도
증오의 거품은 사라지려 하지 않는다
독을 품어내는 글자 줄들은 시의 모독이다

어디에도 없는 난잡한 오기만이 끓어오르고
잊으려는 삶의 현실, 자국마다
생채기로 덧난 상처들로 온통 진물투성이다

안부가 그리운 하루

아침 커피는 마셨는지
오랜 가뭄에 내린 장맛비 머금고
한 뼘 자랐음직한 옥수수대
파란 냄새가 그립지는 않은지
용케도 버티던 고추나무의 인내가
내리는 비의 무게 안고 쓰러질 듯
고개 숙인 텃밭이 궁금하기는 한지
낮에도 피는 달맞이꽃은 보고 싶은지

밥은 끼니마다 잘 챙겨 먹는지
로맨틱한 사랑은 아니더라도
두런두런 별 이야기 하며
지나가는 먹장구름 한 조각 떼어내어
활짝 핀 나리꽃 사연 나눠주고
문득 길을 나서 낯선 곳 어디라도
가보고 싶은 때도 있었는지

불을 꺼 하루를 모으는 시간
조립식 판넬 지붕 위로
장맛비 세차게 내려앉는다.

한계산성

국립공원 안산
몇 뼘 안 되는 산등성이
코앞에 마주하고 힘겹게 오르는 길
옛 어르신들은 힘도 좋지
궁시렁 궁시렁

왜 하필 여기에 성을 쌓았을까
턱까지 차오른 지친 숨 위로하며
성터에 이르니
장엄하게 펼쳐진 산성의 외각
설악의 산수

세 개의 탑 천제단
의성운장이 호령했을 목소리
쩌렁쩌렁 들리는듯한데
숨결이 살아있는 조그만 절터
고물고물 아직도 마르지 않는 샘터

여인네 치마자락을 닮은 안산
그 끝자락 성을 쌓아
험준한 산 능선 비호하게 하였으니
옛 선인들의 비상한 지혜
요새(要塞)중에 요새로다

한계산성 · 2

가을볕 내려앉는 산성 오르는 길
한발자국 내쳐 오르는 길마다 지워지고
지워진 자리 무시로 낙엽이 덮는 길

가고 오지 못한다는 옛 얘기
산새 소리 골골 깊이마다 님 찾는 소리였나

넓은 대자연 품어 안고 골 깊은 번뇌의 계단
역으로 차오른 바람을 물어오는
깊고 넓은 들 동공에 가득 들어오니

높새바람 곱게 앉힌
참으로 곱고 와보지 않는 길
층층이 계단 계절 밟으며 벼랑 끝에 쌓은 성
구름과 맞닿아 있는 경계
외돌아오는 풀벌레 소리 계곡 물 외쳐 위로 흐른다

하늘 땅 그리고 산

이 땅의 산줄기 백두산
구름은 산마루에서 쉬어가고
새림골, 굴아우골, 적가리골, 아침가리골
만사에 지친 무욕에 짐 덜으려
허겁지겁 도망치듯 산에 오르니
하늘은 설악의 숨겨진 속살 드러내고
인연은 연연히 세월에 질곡으로 꽂힌다

인적이 마른 길섶
고들 목 추켜세워 부는 바람 잡아
마른 가지에 걸리니
망태기 가득 채워진 서러운 눈물과
넘어지는 잎새에 부는 바람 고즈넉한 대간에 하루
애닯은 목젖 붉은 시월 노래하고
괜스레 갈참나무 허릿살 잡고 투정부리고 싶은 날
하늘, 구름 그리고 거대한 설악
여기, 조침령 산마루

방동약수터

꼬불꼬불
어색한 길 따라 수십 리
옛날
심마니가 삼을 캔 자리에서 솟았다는 약수
과연, 일품이로구나
수려한 산수 벗 삼아
깊고 깨끗함이
오가는 이의 발길을 잡느니
그 맛은 오장을 맑게 씻어 푸르게 하고
그 모습 또한 오묘하구나
이름모를 들꽃과 남몰래 인사하고
아무도 모르게
마치 거대한 비밀을 나만이 간직한 것처럼
30년 전에
첫 줄기를 터트려낸 새각시 같은 수줍음 그대로구나
친정을 멀리 두어
늘 그리움이 곁에 있는 마음
나의 옛터
소학교 시절의 머언 그리움을 닮은
부끄러운 속살 같구나

능소화

바쁜 계절이 뒤통수를 붙잡고 후드득 떨어져 내린다
죽은 은행나무를 붙잡고 올라간 것인지
넝쿨에 못 이겨 은행나무가 죽은 것인지
마구잡이로 휘감아 올라 오가는 눈길 헤프게 함박웃음 짓더니
타오르던 열정 꽃잎 오므릴 틈도 없다

삶이 그랬던가
열심을 다해도 바닥을 치는 삶의 파편들

마흔네 살의 청춘을 버린 동생이 생각나고 어머니 저세상 가던 날
줄기차게 내리던 장맛비 등줄기 타고 내리던 오싹한 기분
신경통으로 두 다리 앉혀놓고 마당으로 나 있는
조그만 창으로 세상과 이야기하던
할머니의 치매 걸린 소리, 윙윙 고막 터진 소리처럼 맴돌고

계절이 다 간 것이다
아무런 의구심 없이 이제, 겨울을 준비한다

그리움이었던 게야

오일장 난장에서
세탁소에서 봤던 옷걸이에
숨쉬기조차 버거운 부닥침으로
빽빽이 걸려 있는 티를 고르며
문득, 알싸한 그리움이 코끝을 스친다
고작 해봐야 삼천 원, 오천 원짜리인데 갑자기
말 같지도 않는 서러움이 밀려드는 거야
기억에도 없는, 네 번째 까지 딸을 낳았다고
산파할머니가 목욕도 시켜주지 않고 갔다는데

헌 옷만 물려주었던 언니들이 보고 싶고
저승 간지 스무 해가 넘는 어머니가 보고 싶고
꼬장꼬장했던 성질, 다 어디로 갔는지
그 많던 재산 사업밑천으로 날리고
그저 웃음으로 답하는 초라한 아버지가 보고 싶고
고향 집 상사화, 수선화, 무궁화나무, 석류나무
어릴 적 뛰어 놀던 뒷동산이 문득 생각나는 거야

가슴 뭉클해 옷 고르다 말고
멍하니 허공만 바라보는 내가 동공에 그렁그렁 맺히는 거야
먹고 사는 일에 바빠 그럴싸한 메이커 옷 한 벌 없는 내가
이제, 힘들다고 조용히 소리치고 있었지
다람쥐 쳇바퀴 돌듯 무의미하게 가는 하루하루가
이렇듯 사무치는 것은 그리움이 목구멍까지 차 오른게지

향수병

겨울 내내 차가워진 볼은 햇살이 따스한 봄날
별 이유도 없이 서러움이란 것을 덥석 끌어안았다
수세기를 보냈을 법한 물줄기가
골을 타고 내려오는 온화한 계곡이 흐르는 숲길
취하고 싶도록 마셔보고 싶어질 때가 있었냐고
재활용 가장자리, 수북이 쌓여있는
빈 소주병들에게 물어본다

희망과 절망 사이를 자유로이 드나들었던 부패의 시간
그저 흘러가는 매일 매일을 지켜만 보았을 뿐이었는지도 모른다
무디어져 버린 긴 시간을 잘 구워진 프라이팬의 달걀처럼
노른자만 둥둥 떠 있게 조리를 해야 할 것이다

열정이 숨어버린 축축한 대지
시야의 영역을 수없이 들락거리는 봄 햇살 받아 앉은
노란 들꽃, 무슨 꽃이었더라, 기억을 더듬는 머릿속의
야생화 사전은 도무지 페이지를 열지 못한다
아무려면 어떤가 봄이 오고 있는 것이다

아직, 내복을 벗어내지 못한 나의 겨울을
미안함으로 쳐다본다
마음을 짓누르던 그리움 하나 물컹 솟구쳐오른다

가을

코스모스 지천에 난무하다

활짝 웃는 꽃잎 마주하고
벌겋게 달아오른 얼굴
늘어나는 주름살만큼이나
오리무중인 상념은 달아오른 얼굴을 부추긴다

또한 답이 없는 질문만을 던질 뿐이다
계절의 시작에선 끝,
어떻게 왔을까
휘청거리는 아찔한 기억

계절을 인식하고 나이가 동공에 들어오고
남는 것이 없는 발자국을 짚으며
가슴속에 와 박힌 술렁거리는 단풍을 마주하고
또 질문을 던져본다

아무것도 없다
돌아선 등 뒤로 가을 햇살 따사롭고
계절은 묵묵히 시간을 따라간다. 다만
눈길 주지 않는 잠깐에 바람이 일렁인 탓

50 이란 나이에게

굽이굽이 돌아온 상처마다
구멍이 숭숭 뚫려 자리가 선명하다

잃어버린 기억을 찾아 매번 꼼꼼히 짚어보지만
돌아서면 안쓰럽게 버려진 기억들과 씨름하고
공허한 삶의 자리만 점점 커간다

움푹 패인 상처마다 괜찮다, 괜찮다 위로하지만
붉은 노을처럼
활활 타오르지 못한 열정의 찌꺼기들

끌어안고 사는 삶의 옹이들
쉽사리 곁을 내주지 못하는 오지랖
더러 잊고 살아도 되는 일

서러워 마라
서러워 마라, 인간사 새옹지마
타오르던 태양이 지쳐 돌아갈 때쯤

지친 마음 무너져 오면
이제 더는 맞이할 시간이 없음을 핑계로
그렇게 슬쩍 지나보는 거야.

그리운 말 한마디

혼자이기엔 조금은 버거운
긴 통나무 탁자에 앉았다

눈길을 주고받지 않는 단어
커피 마시지 않나요?
커피가 없어 마시러 온 게 아닌데요?
무성하게 가시 돋친 몇 마디가 오가고
그림자 길게 드리운 저녁노을 눈부시다

익숙하지 않는 무수한 차바퀴에 밀려
잠시, 금빛 물결 숨어버린
풍경 좋은 조그만 통나무 집
컴퓨터 자판기 딸각거리는 소리
수족관 산소 들락거리는 뽀글이 소리

하고 싶은 이야기 다 할 수 없겠지만
저녁노을이 가져다준 선물처럼
살아가는 사연이야 어찌 됐든
자판기 커피처럼 종이컵에 믹스커피 두 잔 타서
통나무집 통 유리창으로 들어오는
진초록 아우성치는 여름 같은 이야기 들으며
산등성이 저녁노을 붉게 마주하고 싶다

다시 그 자리

울어야 할지 웃어야 할지 모르는 마음 달래려
먼 길 떠나 방황하는 시간
술 한잔 하고 있습니다.
아는 문우한테 전화가 왔다
낮부터 취했는지 횡설수설
글을 쓰다 보니 도인이 된 걸까
울고 싶을 때 실컷 울어야 한다는 소리에
숨죽여 울다 이만 끊겠다는 수화기너머
목소리 확인하고 정신이 번쩍 들었다
운전대 붙잡고 찔찔 눈물 흘리다
술 한 잔 하고 있습니다
한참이 지났나 다시 걸려온 전화
뜬금없이 행복하란다 무슨 유언 같다는 말에
멋쩍어 풀잎도 사랑하고 나무도 사랑하다 보면
행복해 질 거란다, 한참을 풀잎도 생각하고
나무도 생각해본다
제비꽃이 언제 피었더라
작은 꽃밭 메발톱 꽃은 보라색이었지
다시 걸려온 문우의 전화
이젠 술이 술을 먹었음 직한 시간
술 한 잔 하고 있습니다
생각할 겨를도 없다
그놈의 한 잔 술 많기도 해라

가을, 그 짜릿함

조립식 지붕 뚝딱거리는 빗소리
하염없이 듣다, 아직 채 물들지 않는
가을 속으로 한없이 빠져 들어간다

발정 난 가을은 산등성이 먼 그림자로 남아
구멍 난 이파리를 남겨둔 시간 위로
밤의 세레나데는 애타게 울다
잃어버린 발자국을 찾아 돌아서고
갈대숲 찬바람도 지쳐 누워버린 시간
가을비 장맛비인 듯 온종일 내리던 날
숨죽여 말 건네 온 은사시나무
흔들거리는 이파리들의 간지러움을 보며
오르가즘을 느끼는 것처럼 중얼거렸지

아무도 오지 않는 아침
산등성이 말간 안개 눈길 끌며
금방이라도 톡, 터질 것 같은

이방인

닭이 울었다
생각해보니 요 며칠 새벽에 잠을 잤다
어제는 사무실에서 늦게 집으로 귀가했다
그제는 노래방쯤 가 있었나
핸드폰의 알람처럼
썩 기분 좋은 소리로 울어대는 것은 아니다
가만히 그 놈들의 울음소리를 분석해본다
기껏해야 세 마리쯤
새벽 한 시 반
아무리 일찍 일어난다 해도 아직은 이른 시간
가로등이 훤하게 비치는 거리
저놈들은 외로운 것이다
외로워서 울어대는 것이다
아니, 감각을 잃어버린 것이다
도심 속에 그 놈들은 방향을 잃은 것이다
외로워서 우는 것만은 아니었다
희망을 잃은 슬픔이었다.

명탐정 코난

어린이 명탐정 코난을 본다
이야깃거리가 참 많다
범인을 잡는 추리력은 매번 놀랍다
상상을 벗어난 예측불허의 사건이 터지고
기상천외하게 사건을 풀어나가는
이야기는 브라운관으로 빠져들게 한다

문득 내 시를 들여다본다
질펀하게 늘어진 문장, 어디에서나 흔히
볼 수 있는 수많은 단어들
목구멍까지 숨차 오른 사유思惟
동공瞳孔을 덮어버린 부끄러운 자만은
처절하게 변방을 떠돈다

내 삶을 들여다본다
실타래처럼 엉켜버린 모진 삶
야무지게 내 몫을 챙기지도 못하고
미련스럽게 끊어내지 못한 이야기는
잡초처럼 무성하게 자라 아우성이다
숨차게 달려온 자리가 처음의 그 자리다

계절에 묻어가는 거대한 자연
새봄, 반짝이는 햇살 창문 너머 따사롭다

고로쇠

가을빛 하늘이 남기고 간 사이로
복수초 덜 깨인 아침을 여는 누리

발자국 드문, 바람이 울고 가는 언덕위엔
몇 집 아담하게 자리 잡은 초가가 있었고
겨울 내내 굴뚝이 뿜어낸 연기 자욱한
스물 스물 그리움이 터를 잡고
올망졸망 피어나는 아기자기한 이야기들
꽃피는 춘삼월 다시 보자 약속했지

고개 들어 하늘을 보면 별 무리 총총 빛나고
꽃잎 같은 여린 새싹 하나 들풀로 자라
그리움 무성히 흩어지며 굽이굽이 돌던 산길
해맑은 웃음으로 반기던
손마디 굵어진 투박한 할머니 손
힘없이 손사래 치던 기억 속으로 사라지고
계절의 푸르름 모아 겨울 내내 침묵하던
물줄기 하나 터졌다

3부
마흔일곱살의 사랑법

가을엔 편지를 쓰자

시간이 가랑잎에 묻어와
문턱을 두드리고
앞산 개울물 조약돌에 섞여
가을 소리로 흘러내리면
낯익은 벌레 소리 가슴으로 맞아

노란 편지 한 장만 쓰자

행복할게요, 당신이 있다면

살갗의 솜털들이
직립으로 세워진 미세한 구멍마다
밤새 뒤척인 흔적들이 짧은 호흡을 하면
지문처럼 지워지지 않는 작은 그리움들

긴 장마가 토해내는 수많은 시간
찢어진 기억들 사이로
별빛으로 뜨겁게 다시 와 준 사랑
꿈이라도 좋다, 오랜 꿈을 꾸자
새벽이 벗겨질 쯤 슬며시 다가와 줄 당신의 미소

커튼 너머 아침 햇살이 넘쳐나고 있음을 말해주고
기억에 없어도 당신은 내 하루의 처음이었고
그 하루의 아침은 내게 숨 쉴 공간을 준다.
상념의 끝을 붙잡고 일장춘몽의 길인 듯
힘들었을 당신의 하루

이제, 그만 방황하지 말아요
세상이 눈을 뜨고 내 사랑이 숨을 쉬는 동안
그래요
행복할게요, 당신이 있다면

꿈이어도 사랑할래요

들길과 하늘 구름
아무도 가지 않는 곳,
아름다운 풍경 속에 그대가 있고

내 그리움의 하늘길 하염없이 흐르는 밤
달빛이 비단 창으로 비춰오면
세상 가장 밝은 곳 하늘에서 온 편지
가슴에 묻고 평온히 잠들 거예요

먼 훗날
내가 부를 당신의 이름
바람 거친 낡은 조각 되어 서성거려도
그 가을 숲, 그대 그리운 흔적일랑
기억 속의 풍경으로 남겨 놓아요

바람이 수면을 불어온 시간
목 잠긴 은빛 바위 출렁거리면
분분한 세상살이 오래되어
그대에게로 가는 길, 멀어
꿈이어도 사랑할래요

보고 싶은 사람아

그대 꿈꾸게 하는 하루의 아침
정적靜寂을 깨고
다가오는 존재의 버거움
바이올린의 서글픈 소리처럼
때론 불쑥 손 내밀어
보고픔에 가슴 조여 오지만
텅 빈 마음 채울 길 없어 애타게 하지만
언제나 보고 싶은 사람아

당신이 내게 있어 참 좋은 하루
희망을 설계하고
아름다운 생각을 열고
내게 당신이 있어
떠오르는 태양조차도
활짝 가슴 열어 당당히
맞이할 수 있게 용기를 주는
아름다운 사람, 오늘 하루
건강하게
수많은 시간 속에
수많은 것들과 함께
꿈을 펼쳐 나가시길

사랑해요, 나 항상 여기에서

그대 있어 더 좋은 하루

팔월이 지나간 자리

그대가 있어
나를 미소 짓게 하는 잊을 수 없는 시간들
밤새 인적이 끊긴 작은 들길
아득한 숲처럼 황혼이 덮칠 때

내일을 위해 한 길을 남겨둔
어느 시인처럼
활짝 편 손에 담긴 사랑
앵초풀꽃 가득 담아

다시, 봄을 위해
당신의 마음자리 빈 둥지에
설렘으로 가득 채워
그대 오는 길마다 즈려밟게 하리

가을바람 살랑살랑 스치는 자리
하늘가 맑은 길
세상에 가장 행복한 하루
그대, 지금 여기 나와 함께 있다면

바람이 그리운 날

보았니?

퇴근길
하나둘씩 켜지는
가로등 불빛 사이 먼 산 아래로
눈썹 같은 달 먼저 달려가고 있었지

마음이 아련하게 다가와
고향도 생각나고
어머니도 생각나고
초등학교 적 친구도 생각났지

죽어라 엑셀 밟으며
눈썹 같은 초승달 쫓아갔지
가도 가도 큰 눈망울 숨겨놓고
미소 지으며 먼저 가고 있는 거야

문득, 생각했어
이 추운 겨울에
살랑살랑 봄바람이 불었으면 좋겠다고
불쑥, 나의 창문을 두드리는

그리운 손

등불 아래 누렇게 바랜
외로운 마음 하나
세상에 날 알아주는 이 없고
깊은 밤 창밖에 다시 못 올 길인 양
하염없이 붉은 가을 내리는데
멀고 먼 하늘가에 그리운 웃음 하나
속절없이 생각하다
행여나 마음 변해 불쑥 손 내밀어
그리운 바람 불어와 주는
멋대로의 상상을 하여보다
슬픔이 저만치에 날 보며 야유하면
새초롬히 혼자 토라져 보다
그래도 마음 삭이며
따뜻한 말 그리워
손가락 꾹꾹 눌러 다일얼링 하면
언제나 변함없는 부재중인 무선
마음 얘기 나누고픈 그리운 손

내 님이 아니라면

내 님이 아니라면 못할 일이 뭐 있을까
하룻밤 품에 안겨 주거니 받거니
세상 시름 다 잊고 얼싸안고 춤을 추며
밤새워 내 무릎베개로는 못 내주리

떠난 님 그리워 멍든 가슴일망정
내어놓지 못할게 뭐 있으며
천리만리 머나먼 고향 그리워
애타는 가슴은 못 풀어 놓으리

내 님이 아니라면 풋사랑 같은 하룻밤
젓 고름 풀어헤쳐 여염집 여자 흉내는 못 낼까
요상한 재주 없어 멋 하나 없지만
굼벵이도 구르는 재주 있다더라

허망한 세상살이 끝 간데없이 힘들어도
천 년 만년 살 일 또한 아니지만
아침에 일어나 눈빛 마주하며
살아있는 동안 따순 밥 같이 먹고 싶어

오손도손 세상살이 긴 이야기 나누며
때론 부족하다 투정도 부려보고
때론 실속 없다 거칠다 잔소리도 하는 것을
내 님이 아니라면 못할 일이 뭐 있을까

가을에의 초대

우수에 젖은 풀꽃 잎새
그리움이 가만 손 내밀면
나의 작은 바람
토닥토닥 작은 눈길로
소담스레 다독여주고

늦바람 밤새는 줄 모르고
사랑 얘기 나누던 간밤
어느새 그리워
감미로운 음악에 젖은 듯
한 발 두 발 단풍놀이 하면

아지랑이 핀 길가에
들꽃 향기 진한 바람
아슴아슴 피어난 들길로
그리움은 가을 숲 속
오솔길 따라 들어왔네

낙엽 향기 사각사각 밟으며
나의 상념 까무죽이 졸면
어느 샌가 저만치 달려나 간
바람꽃 나의 사랑
하루 종일 분주했던 일상 뒤로

햇살 머금은 붉은 가을
바람 그리워 쫓아나간 버선발
바람 손짓하는 숲길 따라
어제 그리움 다시 생각나
가을 길, 바람길로 열어 놓으리

마흔일곱 살의 사랑법 · 1

보고 싶단 말도 할 수 없는
질흙 같은 어둠이 내려앉은
밤, 그리고 마음의 갈등

그대 내 곁으로 와 숨 쉬던
수많은 시간 위로
부질없던 약속들이 스러진다

밑바닥까지 다 보이고서야
내가 걸어온 길이
길이 아님을 깨닫는다

내가 밟고 지나간 자리
너무 많이 그리워하기에
다시 돌아갈 수 없는 길

아픔으로 얼룩지며
지나가는 희끄무레한 열정 붙잡고
마음 뒹굴어 아픈 자국 위로

별 무리 지는 아슴한 기억들
한 발자국도 내디딜 수 없어
통곡하는 슬픔

외로움인 것이다
외로워서
더 이상 걸어가지 못하는 것이다

마흔일곱 살의 사랑법 · 2

내가 태어나기 전
당신은 어쩌면 나의 사람이었는지도 모른다
그리워할 수 있는
작은 심장의 맥박소리를 들으며
살아있음이 오직 당신만을 위한 것처럼
내 인생 어느 인연의 자리에서도 가질 수 없었던
간절한 그리움
설움의 세월 다 지나 발붙일 곳 하나 없는
빈자리로 내어 줄지라도
당신의 꿈속에서 다시 태어날 내 생이
끊을 수 없는 업보가 되어도
사랑하고 싶다

늪처럼 어두운 노년의 적막을 꿈꾸는
어리석은 일탈은 꿈에 지나지 않았다
잠에서 깨면 화려한 도시를 꿈꾸다
친화되지 못한 이질감을 이겨내지 못해
몸서리쳐야만 했던 수많은 파편들
질기고 질긴 인연의 바다
설령 또다시 오랜 시간이 지나
다시 오늘로 돌아온다 해도
당신의 엷은 기억 속에 한 점 실오라기 같은

그리움으로 남아 있을 수 있다면
후회 없이 사랑해보리라
당신을 향한 그리움으로 쓰러져가리라

바램

나의 시작의 하루
내가 마시는 모닝커피를
함께 마시고

내가 찾아간 들꽃 위에
소담스레 나의 눈길 마주하며
여린 가슴 만져주고

내가 걷는
빗길 위에 살며시 다가와
토닥이는 우산 속
빗소리 함께 들으며

그리움 꽃으로 피우고
설령 바람으로 왔을지언정
내 마음에 둥지 틀어
내 품 안에 그대 있었으면

내 눈길 주는
그만큼의 눈길로 마주했으면...

사랑 하나

그대의 손끝이 전해준
따뜻한 사랑 하나
가로등 하얀 불빛 속에 잠들고
익숙하지 않는 손길 더듬으며
뒤척이는 밤

무심한 듯 외면하려 몸부림쳐 보지만
자꾸만 커져 오는 마음 빈자리
내 그림 속으로 들어온 風景
달이 빈방으로 들어와
슬픔 하나 동그라니 잠들었다

바람꽃

선형으로 세열細裂된 나지막한
기억들은 그대에게로 가는 길
먼
여행을 떠난다

문득 떨어지는
한 줌 가을 햇살
살포시 손안에 그려 쥐고
노란색의 의미를 더듬어본다

서젯골 만장대 서쪽 기슭
밤마다 흰 모시 저고리 안고
바람이 불면 피어올랐다가
바람이 불면 허무하게 져 버리는

진한 향기 뿜으며
두꺼운 날개 죽지 가지런히 펴고
희고 소담스레 피어난 바람꽃
또 하나의 허상

바람이 꽃잎 위에 머물지 않듯
떠나듯 짧지도 길지도 않은 인생
바람인들 어떠하고
꽃잎인들 어떠하리

그저, 내 맘 닿는 곳

꽃잎에 연연戀戀하지 않는
무심으로 지나도 좋으리
문득, 길 가다 만난 바람꽃

그래, 빈 마음으로 사는 거야

이슬 내려 하늘 높고 물 맑은 가을
수없이 핀 꽃들은 황금으로 쓰러져 있고
내가 버린 시간 속에 내가 얼마나 더 버틸까
삶의 찌꺼기들이 둥지를 틀은 빈 마음에
불현듯 달려와 할퀴고 지나가는
가슴속에 꼭꼭 묻어둔 고향 그리움

이 맑은 오늘 하루
가을 국화 고운 빛 하나 훔쳐
나른한 햇살에 내 몸마저 뉘여
둥둥 떠가는 햇살 따라 흘러갈까
토닥토닥 땅 밟으며 맨발로 껑충껑충
뛰어볼까

먼지 자욱한 세상
힘들여 마음 쓸 일 어디 있을까
백 년을 산들 마다하지 않겠으며
천 년을 산들 손 저어 내보내랴
그저 가는 길에 덤으로 가면 될 것을
오는 길 기꺼이 가슴으로 맞이하면 될 것을

지난밤 꿈속에

지난밤 꿈속에
바람이 날 찾아왔네
꿈인 듯 아련히 손 내밀던
초췌한 모습
그래도 반가워 가만히
실눈 떠 바람을 보았지

웃음인 듯 슬픔인 듯
아픈 가슴 뉘어오며
소담스레 웃던 바람
눈물이 나올 것 같아
등 돌아선 몸짓에
그만 잠이 깨고 말았지

한참을 멍하니
검은 하늘 바라보다
조각난 천정을 보며
꿈인 줄 알았지만
그 꿈속 멍울진 그리움
아직도 따뜻하게 남아있네

아픈 사랑

가을 이는 바람에 그리움만 가득하니
그대 사랑하는 맘 너무 깊어

내 사랑 품을 수 없는 꿈처럼
구름 속을 거닐 듯 아련한 시간
거울 속 내 모습이 낯설어

온종일
목 타오른 지면들을 수정하며
아픈 것도 사랑이라며 나를 위로하네

바람꽃이 되자

한세상 그리 많은 세월도 아닌데
아둥바둥 싸우면서 살 일 있겠는가
그저, 바람이 불면 부는 데로
떠나가면 멀리서 바라보고
내게로 오면 가슴속에 꼭 안아
오랜 입맞춤으로 편히 쉬게 하자

주고받는 것이 세상 이치라지만
바람의 여린 눈빛
보석처럼 아름다운 눈망울로
세상 볼 수 있도록
그저, 바라만 보자
바람의 언어 정갈하게 다듬어
부드럽게 속삭일 수 있도록
아픈 가슴 토닥토닥 두드리며
바람의 숨결 부드럽게 안아
바람 안에서 내가 아닌 바람으로
꽃이 되자

바람결에 묻는 너의 안부

질펀히 흐르는 안개속의 작은 능선
얼음이 피워 올린 추운 안개는
차마 오르지 못한 하늘길 아쉬워
물인 양 밥인 양 들이키는 술잔마다
고독이 슬픔 되어 뚝 뚝 떨어진다
떨어지다 인연 그리워 손 내어보고
떨어지다 인연 징그러워 손 저어보고
다시 안 올 길인 양 마지막을 이야기한다
아직도 불을 켜지 못한 내 안의 어둠
아픔을 되새김질이라도 하듯
그 값싸고 헐한 그리움을 물들인다
하루 종일 어둠이 내린 빗방울들은
겨울을 흠뻑 적시고 정지된 시간을 거슬러
바람을 잠재우다 나무 끝에서 떨어진다
바람이 불어오면 바람결에 묻어올까
행여 추운 빗소리에 젖어
돌아서는 발걸음 무겁지는 않을까
이별의 설움 저 혼자 외로워
품바타령 듣다 웃다, 울다
그래도 문득문득 멈추어버린 시간
홀연히 지나가는 바람, 곁에서
살아가는 이유조차 아직 찾지 못한
서러운 너의 안부 묻는다

창문 밖 언어

아무도 말해주지 않았다

밤의 세레나데는 애타게 울다
잃어버린 발자국을 찾아 돌아섰고
갈대숲 찬바람도 지쳐 누워버린 시간

눈 쌓인 하얀 밤
청아하게 비친 산등성이
손 내밀며 환하게 웃는다

어디로 가자는 건지…

고향바다 비릿한 바다속을 거닐까
쉰넷의 서러운 삶
목메어 찾아 헤맨 어머니 품속 거닐까

까치발 동동 구르며 까치밥 따먹던
바람 뒤 곁 감나무 밑을 서성일까
오늘도 울다 지친 창문 밖 언어

백합을 도둑맞다

이른 봄, 신열을 앓듯 지나간 밤
이제, 분양이라는 거대한 명제 아래
다독다독 숨죽이며 조심스레 갈라놓은
백합무리, 바라보며 두 손 모았지

건강하게 어여삐 자라 적막한 이곳
하얗게 웃음 지어 주인어른 감동시키고
더불어 나도 기뻐해 보자고
간혹, 부처님 졸고 있는 마당 한켠에
노을빛 스러지는 이슬 머금고
파랗게 고개 내밀더니

올망졸망 꽃 피우려 힘차게
꽃봉오리 내밀어 가슴 설레게 하더니
그렇게 정분 나누어 꽃피우는 그 날
하늘별 무시로 떨어질 것 같은
장산 끝자락, 커피 두 잔 만들어
백합 향기 맡으며 별무리 지는 어느 밤
세상시름 다 놓아버리고 끝 간 데 없는
힘든 세상살이일망정 보듬고 가보자고
더는 욕심 내지 말고 살아보자고
꽃피울 날 기다리고 기다렸건만

백합, 그 향기 지독한 어느 날
그 향기 도둑 맞다

미안해요, 내 사랑

수많은 세월 흐르고 흐른 뒤에
옹이진 상처 보듬어 안고
아픈 그리움이었노라고
풀벌레 찌륵찌륵 고요히 울어대고
언제나 변함없이 당신 꿈속 지나와
새벽에 깨어난 잠은

촘촘히 햇빛 모아 상처 난 가슴 뉘어
입으로는 차마 말할 수 없는 내 소원 함께
살아있는 것이 있다면 수많은 다른 것들과 함께
미처 오르지 못한 산모퉁이 자욱한 안개
물봉숭아 찰랑찰랑 계곡 물 적시고
지천으로 구절초 흐드러지게 피어

가을바람 살랑살랑 스치는 자리
하늘가 맑은 길
세상에서 가장 행복한 하루
그대, 하던 일 잠시 멈추고
여기를 봐요
미안해요, 내 사랑

4부
나의 흔적

봄비가 안개처럼 풍경을 지우는 아침
칸 살 밖 좁게 달아 낸 곳에 앉아
토담 너머 차 한 잔의 여유로
마음 한켠의 단단한 매듭이 설핏 풀리고
또다시 할머니의 이야기가 그리움으로
목이 뜨끈해지면
철 지난 세월이
손때 묻은 툇마루 사이로 그 자리를 내어준다

향수

보고 싶다
사랑한다
미치도록 그리워 한시도
네 손끝에서 시선을 뗄 수가 없어
쪽빛 하늘에 너를 그려 넣어 입맞춤 하고 나면
난 마술에 걸리지.
그리고

그리고
산고의 진통보다 조금 더한 가슴앓이로
마술이 깨어버리지
지독한 여름 한낮의 땀
그 역겨운 틈새로
툭 툭 삐져나와 옹이처럼 앉아있지.

봄, 그녀와 만나다

3월 끝자락
세월 비집고
하얗게 웃고 있는 보고픔

새 인연으로 가지마다 입맞춤하고
소담스레 내민 빗방울마다
산수유 방울방울 웃음꽃 터뜨렸다

사각사각 밟히는 낙엽,
피 울음 토하고 울다 떨어진
자국마다 사월이 함박진 꽃 웃음소리

천신(天神)의 가슴 아픈 사랑
분홍빛 부끄러운 두견화(杜鵑花)
봄, 그녀를 만나다

오두막집

네 살짜리 아들놈에게 오두막집이 생겼다
그 오두막집에
누가 사는지는 모르지만
아들 녀석 말에 의하면
곰쥐가 산다 했다
곰쥐는 변신을 참 잘한다
로보트로도 변신하고 귀신으로도 변한다
어떨 때는 잠 안 자는 아이를
잡아가기도 한다
네 살짜리 아들놈은
매일 밤 잠들기 전
옛날에 있었던
깊은 산 속 오두막집의 사연을
진지하게 이야기하다
잠이 든다

친구

어스름 저녁
먹구름을 잔뜩 몰고 오더니
후드득 후드득
장대 같은 비가 쏟아진다
세환아 우리 비 구경할까
길게 늘어진 처마 밑으로
저 먼저 달려가서
좋아라 무릎 세워 앉는다
엄마 이렇게 해 봐
자기 등 뒤에 엄마 등을 부치란다
제법 의지가 된다
네 살짜리 금쪽같은 아들
그래, 따뜻하구나
토닥토닥
등 두드려 주며 자장가 불러 주던 때가
엊그제 같은데

물건

나한테 물건이 하나 있어
아주 끝내주는 물건이야
내겐 큰 재산이지
이제 막 다섯 살이 된 아들놈이지
그 놈은 꾀 운이 좋은 녀석이야
3일만 손해 보고 꽉 채운 네살이지
난 그놈이 세상에서 제일 똑똑한 줄 알았어
글쎄 지구본에 아주 관심이 많은데
아프리카를 참 좋아해
자주 아프리카에 대해 묻곤하지
그런데 어느 날 말야
아들놈이 내게 물어 오는 거야
아프리카는 어디에 사냐고
너무 황당해서 얼른 대답을 못 하는 내게 줄줄이 늘어놓는 거야
아프리카는 지구에 있는데 지구는 동그랗다는 거야
지구본을 보면 알 수 있다는 거지
그리고 그다음 말이 걸작이었어
지구는 고무로 만들었데

아버지 · 1

어젯밤 한숨도 못 주무시더니 벌써 깨셨나 보다
어둠이 덜 깨인 창문 너머로
골연에 성냥불 붙이는 소리가 들린다
새삼 새로운 일이 없는 하루가
그렇게 또 시작된다
마지막 비행기에 몸을 실었던 핑계로
밤새 뒤척이는 소리를 들으면서도 외면하고 말았다

아직도 군불을 피우는 부엌이 지겹지도 않은지
으레 아궁이 속으로 파고드는 새벽
어머니도 안 계신 딸의 친정 나들이에
조심스레 아침을 준비하고 계시리라
볏짚에 꼭꼭 싸서 매달아 두었던 쇠고기도 국을 끓였을 테고
청승맞게 손수 담으신 된장도 뚝배기에서 보글보글 끓고 있으리라
이젠 일어나야지 하는 생각 뒤로
어느새 아버지 발자국이 골목 어귀를 나가는 소리가 들린다

고집쟁이 노인네
큰아들이 사준 경운기도 있건만
빈 자루를 턱 걸친 지게를 지고 나가신다

가을 사랑

가을 햇볕 한마당 하늘 가득 날면
초딩 3학년 아들놈의
눈치 100단 고추잠자리 이야기
시를 훔쳐본다

그래, 반쪽사랑이라도 챙기려
무던히도 애를 쓰며 살았구나
삶의 지친 엄마의 애달픈 삶
네가 짊어지고 가는구나

무엇이 그리도 힘들었는지
무슨 일은 또 그리 바빴는지
돌아볼 새도 없이 살아온 흔적
보잘 것 없는 삶 앞에
핑계는 왜 그리 많았는지

이제, 돌아보며 살자
가슴 아픈 이야기는 가슴으로 묻어두고
슬픈 이야기는 붉은 가을 단풍
그놈에게 주어버리자
기쁜 일만 생각하며 살아보자

알콩달콩
깨소금 나는 이야기는 아니더라도
함께 읽고 함께 써 보자꾸나
높고 파란 가을 하늘 닮은
어여쁜 사랑하여 보자꾸나

아버지 2

홀아비 곰방대 너머로
가래 섞인 기침 소리 두어 번
느릿구리한 골연 냄새가 차가운 햇살을 쓸고
힘없이 기지개를 켠다
죽기 전에
육지로 시집간 팔자 사나운 무심한 딸년의
가슴 아픈 소식이라도 전해올까
야위어진 종아리 벌겋게 드러내어
바다를 향해 장승처럼 버티어 온 그리움들은
반쯤 썩어 냄새나는 자리젓에
푹푹 매운 고추 찍는다
전설이 되어 긴 밤들을 삼키는 파도
거센 물살, 밑으로 흐르는
흥건하게 적셔진 상처들
가늘고 긴 섬이 되어 흩어진다

슬픈 안부

새해 첫날 혼자된 딸이 애처로워
혼자 사는 아버지가 전화했다
잘 지내고 있니?
에이 새해 첫날 인사가 고작 그거야?
그럼, 건강하게 잘 지내지
못내 자신 없어 안부 묻지 못한 불효를 술렁 넘어간다
아픈 데는 없고?
그럼, 씩씩하게 잘 먹고 잘살지
고놈, 혹도 잘 있재?
에미 앞길 막는다고 혹이라며 손주 안부도 물어온다
떡국은 먹었어?
아니, 나이 먹는 게 싫어서 안 먹었어
팔순을 바라보는 아버지 앞에서 나이 타령 하는 팔자 사나운 딸년
전화 끊고 나니 어이없는 농담인 줄 그제야 깨닫는다
두고두고 갚아도 못 갚을 부모 은덕
사무친 그리움 복받치는 서러움이 핑계거리 찾아
새벽녘까지 텔레비젼 영화 보며 울었다.

어머니의 향기

장마를 몰고 온 빗줄기가
처마 끝으로 몰렸다
뚜루르륵 뚜루르륵

폭포수가 되어 떨어진다
장대처럼 쏟아지는 새벽
희미하게 새어 나오는 그리움이
헤이즐럿 향기의 아련한 추억처럼
가슴속을 파고든다

숙아 시원하게 한 사발 타온
하얀 그림자 드리우며
땀에 뒤범벅이 된 수건이 살며시
목덜미 아래로 내려진다
후유
긴 한숨을 토해내며
냉수라도 들이키듯 단숨에 그릇을 비운다
엄마, 커피가 무슨 냉수야
그러거나 말거나 툭툭 털고 뉘엿뉘엿 지는 해
붙잡으려 텃밭에 쪼그리고 앉는다

내 오랜 꿈처럼 달작지근한 그리움의 향기
이 비가 그치고 나면
냉수처럼 한 사발
보온병에 커피 타서 어머니 산소에 다녀와야겠다

어머니 · 1

그리움에도 싹이 돋아납니다
그대 떠난 길
강산이 변해도 몇 번을 변했을 세월
잊어 지련도 하련만

당신이 쓰시던 세간살이
그리움의 소산물인 것 같아
한 해 두 해,
세월 속에 묻어두고

아홉 식구 식량 밑거름이 되어주던
외양간이 헐린 지도 오래 이고
주인 행세하던 낡은 집이 팔려
문패가 바뀐 지도 오래인데

친정을 갈 때마다
덩그러니 걸려 있었던 작은 소쿠리 하나
가슴이 아파
추억 속에 묻어두려 했던 그리움들

이제,
단아하게 옷고름 여미고
손잡고 같이 가자 합니다
세월 때문입니다

어느덧 불혹의 나이
내 유년의 어디메 쯤
가슴 뭉클한 추억거리 하나쯤
웃으며 나를 반기리라 여기며

그리움도, 외로움도
가슴으로 안아
그리 가야 하려나 봅니다

어머니 · 2

생이 마지막일 것 같은 오늘 같은 날엔
눈부신 신록의 계절도
뜻 없이 아름드리 피어난 꽃들도
눈물로 다가섭니다

꽃의 이름을 불러 곱게 웃고 있어도
미치도록 푸르게 소리 질러도
마음은 공허하고 세상 밖을 떠돕니다

당신이 떠난 후
고향을 멀리 떠나와
십 수 년이 지난 지금에서
어김없이 계절이 바뀌면
고향 생각에 그리움 투성인 마음은
무성하게 가시를 키워 제 몸 찌르고
생채기 난 상처로 온몸에 피멍이 듭니다

풀길 없는 세월이 하 지나
무디게 다가서는 인생사가
때론 사무치게 온몸을 돌아나갑니다.

어머니의 과수원

어이구 이놈의 팔자 개도 안 물어 갈 팔자
전생의 무슨 죄를 그리 많이졌길래

땅 아래로 한 뼘쯤은 내려갔으리라
약속은 어김없이 찾아온다
이유 없는 어머니의 푸념은
결국 지는 해를 잡지 못한다
열여덟의 버려진 청춘이
세상 밖으로 내놓는 외마디 열정
설익은 햇살로 열매를 밀어내고
제 몸 삭아 수분으로 잉태한 가을은
톡톡 튀는 맛으로 빛깔 내며
과수원을 꽉 채운다

어디에도 어머니의 한은 없다
땅 주인이 바뀌어 몇 해를 더 살았어도
전생의 죄의 몫은 아닐 듯싶다
어머니의 무덤처럼
반월 모양으로 뒤엉켜 아우성 대는 가을은
또다시 어머니의 과수원을 벌겋게 물들인다

쪽빛 칠월

어머니 무덤가는 길
버림받은 잡초더미 위
종종걸음 발아래 그리움 물 들이고
옥색 치마 하늘하늘 웃음 지으며
새파랗게 누워 있는 칠월

어느 날 아침이슬처럼
홀연히 떠나고 말았던 당신
온몸에 파문처럼 돋던 소름
넋이라도 오고간 양
내려오는 발걸음 붙잡던 장맛비

당신의 칠월 하늘은
언제나 푸른 바다를 닮아
굵은 밧줄 하나 기둥으로 삼고
떠나고 오는 아픔을 안고서도
파랗게 웃고 있지요

능소화 치렁치렁 흐드러지게 피고
당신 닮은 하늘의 바다
쏟아지는 무더운 여름 그 속에 들어있어도
마음은 당신을 닮아
잔잔한 그리움으로 열리는 쪽빛 칠월

빗소리

찬 이슬 갈대숲에 내려앉으면

후미진 어둠의 찬 경계 밖
오랜 충돌 속 밤은 고요히 깃을 올리고
옷섶 풀어 그늘진 짚 멍석에 둘러앉아
한이 맺히게 들었던 7월의 장맛비

메밀꽃 피어나듯 우수수 피어나
고운 숨결 가두고 속살 섞어도
울먹이던 새하얀 박꽃처럼
미련하게 남아 있는 애련한 그 모습

침묵을 사선으로 가르며 빛으로 가는 시간

밤사이 쉼 없이 달려온 빗줄기
평생을 목 놓아 그리워했던
쉰넷에 가신 가여운 나의 어머니
천상의 눈물로 떨어지는 흑백 그리움

목울대 삽삽이 스쳐오는 먼 가슴의 시간 속
서러운 그 길에 내렸던 빗소리
아직도 내 가슴에 살아있다.
내 울안에 비가 내린다.

콕태왁

하얀 웃음 다소곳이
푸르초롬한 달빛 빚어
초가지붕 하얀 박덩이
거꾸로 매달려 떨어져 내리다

그리움 견디고 견뎌 한(恨)으로 삭여놓고
바다 밭에서 무자맥질하는 어여쁜 처녀여
생지옥 바다 거친 삶 넘나들며
숨비소리 길게 검은 바다 잠재우고
때론 뭍으로 가는 허망한 꿈도 꾸었으리

저승길 들어서는 바다에서 따낸 삶
고른 숨 가누며 애 쓴 흔적마다
달빛이 몸에 밴 하얀 박꽃 노래
어깨가 들먹이는 한 맺힌 삶의 소리

이어도 사나 이어도 사나
이어 이어 이어도허라
나 죽으면 이어도 간다
할머니, 어머니의 노랫소리
당당하게 불어대던 바람조차 숨죽여
한 맺힌 소리 바다를 잠재운다

* 태왁 : 해녀가 수면에서 몸을 의지하거나 헤엄쳐 이동할 때 사용하는 부유(浮游)도구
* 이어도 : 제주 바닷일 하는 사람들의 이상향

푸르게 미소 짓는 5월의 창

혼자된 시간이 길어지면서
많은 것들이 무디게 다가선다
운명의 장난은 한쪽 다리가 5센티나 짧고
짝궁둥이에 성격이 지랄 같아 서인지
수많은 상념을 끌어안고 사는 나날은
젖가슴조차 크지 못하게 숨통을 조였지

갑자기 멀리서 오는 발자국이 팔자 걸음이길래
슬쩍 나의 걸음을 현관 유리창에 비춰보았어
예전보다 아니, 젊었을 때보다 더
5센티 짧은 다리는 뒤뚱거림이 확연하게 드러나고
어쩌면 열정적인 삶을 놓아버린 후유증이거나
희망이 없는 삶이 가져다준 노화인지도
가꾸지 않는 태생이라 그럴지도 모른다고
갑자기 서러움이 밀려들어 어설프게 위로했지

봄의 새벽과 입맞춤하고
흙을 만지며 태어나는 풀꽃을 보며 어젯밤 들었던
이름 모를 새소리, 동이 트는 산 너머
아름다운 풍경도 보았지
어젯밤 일기예보가 들려준 비가 온다는 날씨는
푸르름을 만끽하며 여름을 향해 달려가고
계절은 그렇게 환한 미소로 다가오고 있었어.

습관

오래된 사진첩을 뒤적거린다
20년이 훨씬 넘은 사진이 앙증맞게 웃고 있다
요렇게 예쁠 때 어디 갔다 이제야 내게로 왔어?
그러게, 멋쩍게 대답하곤 다시 앨범을 뒤적거린다
삶의 흔적들이 고스란히 담겨진 지난날
오래 묵은 새벽이
보푸라기 같은 산등성이를 희끄므레 내민다
아련하게 쓰러질 듯 다가서는 먼 산 아지랑이
삶이 닿지 않는 나뭇가지를 불러 세운다
떨어진 이파리들이 수북하다
벌써 가을이 가고 있는 것이다.
하얀 머리 듬성듬성 자리를 메우는 익숙한 몸짓
이제, 살아온 날보다
살아가야 할 날이 많지 않는 시간
떨어져 나뒹구는 나뭇잎들이 눈에 박히고
쓸쓸히 사라지는
계절의 감각이 손안에서 서걱거린다
촉촉이 젖은 눈가로 살며시 접혀진 사진첩
습관처럼 다가서는 삶의 회한,
한숨 섞인 숨소리 안쓰럽다

산행하던 날

바람이 몹시 불었지

겨드랑이 사이로
살랑살랑 불어오는 봄바람에
가슴이 벅차
한참을 그렇게 서 있었지
도란도란 속삭이는 시냇물 따라
굽이굽이 돌아선 길 걸으며
찻방에 가면
웃음 가득 미소 먹은 얼굴로
녹차를 내주실 스님을 생각하며
몰래, 아무도 몰래
보랏빛 제비꽃 두 송이 꺾어 손안에 넣고
바라만 봐도 가슴 넉넉한
다향에 흠뻑 젖어
봄의 향기 가슴 가득 스며들 걸 생각하니
그 또한 가슴이 벅차
제비꽃에게 미안하단 말 한마디 못했지

세상사 서러웠던 일
삶이 버거워 도망치려 했던
끈적이는 인연에 몸서리쳤던 지난 일들
사람이 만나고 헤어짐 사랑하고 이별함이
신의 거대한 섭리일 거라며
내 욕심 말끔히 씻어
그저 나를 던져버린 고요함으로
세상을 담을 수 있는 큰마음이 되기만을 바라며
솔바람 차 향기 좁은 산길
바쁜 마음에
멀리 풍경소리만 들려왔지

사랑이 아니었음이야

누군가를 보내야 하는 밤이
참 길다
엇나가버린 기억 하나 올올이 짜내어
다시 기억 속으로 보내야 하는 시간
혹독한 기억은 아직도
용서가 되지 않는데
까마득한 옛날이야기 한 편 꺼내듯
웃을 수 있음이
존재의 가치마저 저 버릴 수 있음이
참 가혹하다

사랑이 아니었음이야
추억조차 이름 붙여줄 이야기는
더더욱 아님이야
아침에 일어나면 이름 모를 새 한 마리
지저귀며 창문을 두드리는 일상보다 더 못한
어느 날 조그만 몸짓이 하도 예뻐
주머니에 몰래 숨기고 온 나리꽃
두 송이가 가슴 가득 들어온
그날보다도 못한 것이지

누군가를 보내야 하는 밤이
혹독하게 불어대던 겨울밤 찬 바람의 기억보다
참 길다

찔레꽃차

서툰 몸짓 화려하게
세심한 손길로 다시 태어나
다섯 손가락 펴지듯 톡 톡 피어나
숙수 속으로 망울망울 가라앉은
그윽한 옛 추억의 고운 자태

두 손으로 감싸 안은 포근함
오래지난 단청처럼, 적당히 빛바랜
혀끝에서 녹아 가슴을 타고 내려
빙빙 동그라미 그리며 피어난 꽃
자연을 닮은 순수한 연초록 향

하얀 그리움으로 피어나
연분홍 가슴 살짝 건드려 놓고
먼 꿈길 헤매듯 달려와
어느새 봄 뜨락에 오롯이 앉아
함초롬히 새순 돋아나는 너

5부
내가 만난 사람들

봄볕 속삭이는 오후
산 능선 듬성듬성 피어난 벚꽃
사무실 책상에 앉아 바라보는 절정은
흔들림이다

마중물이 되어 심상을 일깨워준다

부끄러운 추모를 너머

1.
<전부 사랑합니다>

거침없이 삼켜버린 어둠의 바다
사위어가는 바람이 날카로운
물속에서 마지막으로 기도했을
서로에게 나눈 소중한 메시지

기울어가는 배 안에서
공포에 떨어야 했을 몇 시간, 며칠

두껍던 하늘이 한 겹 벗겨지면
아스라이 먼 추억의 빗장 열 수 있을까
순박하고 고운 얼굴
손때 묻은 책상 위의 함박웃음
다시 볼 수 있을까

2.
대한민국 헌법 제1조 2항
대한민국의 주권은 국민에게 있고
모든 권력은 국민으로부터 나온다
대한민국헌법 제34조 6항

국가는 재해를 예방하고
그 위험으로부터
국민을 보호하기 위해 노력한다

장롱 속 조문에 지나지 않는 권력과
나태해진 의식 붙잡고 국민 행복과 안전을
최우선 국정과제로 삼고 최선을 다하겠노라는
정부가 던져주는 깨진 믿음 허망하게 부여잡고
채 피어보지도 못한 젊음을 담보로
취해야 할 것과 버릴 것들에 대한
분별조차 어두운 관념의 오물들
시궁창이 아깝다

쉽게 새벽이 오지 않던 밤처럼
버려진 문장들이 허공을 가르며
스스로 유폐된 포기는 무성하게 자라
습관처럼 흐느끼는 허공
침묵도 반성도 부끄러운 죄다
기울어가던 배를 붙잡고
잔혹한 사월은 길을 잃고
잃어버린 꿈, 절규하며
맹골바다에 스러져간 꽃다운 청춘

3.

<사랑합니다.>

죽음이란 공포 앞에 서로를 위로하며
마지막으로 던진 소중한 말
하얀 국화꽃 무덤에 묻힌
제발, 마지막 한 명까지 구해주세요
어린 영혼을 위한 수많은 기도

답하여주지 못하여 미안하고
침묵으로만 지켜봐야 했던 양심이 미안하고
시간이 지나면서 점점 잊혀져가는
인정머리가 미안하고
잘못된 법 앞에서 목소리 높이지 못함이
진실과 정의를 말하는데 용기 내지 못했음이
미안하고, 또 미안합니다.

작은 시인을 기리며

그의 시신을 주섬주섬 들여다본다
빼곡하게 쓰여진 문구들
완성되지 않은 원고지 한켠이
쓸쓸하게 바라본다
몇 줄, 그의 고뇌가 방황했을 지면이
먼지 냄새 풀풀 날리며 먼 추억이라도 곱씹듯
하얗게 웃고 있는 지난 시간
문득 그리움이라도 만난 듯
펜을 들어 끄적이다
다시, 그의 시신을 뒤적거린다
한때는 열정과 오만이 팽배했던
작은 시인
시인이라는 칭호마저 꺼려
늘 암흑 같은 변방을 길인 양 꾹꾹 밟았던
처절하게 고독과 싸우는 일이
몫인 양 파리해진 웃음을 건넸던 작은 시인
그의 고독이 깊어서인가
병실 까운이 너무나 어색했던
끝내, 암과의 투병은 이겨내지 못했다

** 암과의 투병을 끝내 이겨내지 못하고 먼저 세상을 버린 시인이란 이름마저 갖지 못했던 진정한 시인, 아름다운 시인 임동수를 기리며...

그대, 조국의 자랑스런 이름이여

그 참혹했던 6월
통곡하던 절규의 몸짓도
이 나라의 못다 핀 자유의 넋도
이 땅의 평화를 위해
무수히 짓밟혔던 조국산하
이름도 없이 죽어간 수많은 생명들

기억조차 하기 싫은 처절했던 전쟁은
이제, 당신들만의 몫은 아닐 것입니다.

영겁(永劫)의 전설들이 물밑까지 녹아내려
산이 말없이 내려와 피안彼岸으로 들고
천 년을 흘러도 마르지 않는 강물
죽음으로 지켰던 당신의 고향은
사계절 아름다운 빛깔로 노래하고
여기에 당신의 이름을 기억하는
수많은 후손들이 머리 숙여
영전에 꽃다발을 올립니다.

이제 우리는 가신님들의 거룩한 희생으로 얻은
평화와 자유를 소중히 간직하고
다시금 하나 된 민족으로
조국의 무궁함을 기원할 것입니다.
우리가 갚아 나가야 할 이 나라에 숙제임을
다시 한 번 기억하겠습니다.

무덤도 없이 비바람과 찬이슬 맞으며
조국의 수호를 위해 자신의 목숨을 아끼지 않았던
당신의 고귀한 희생
세상 밖으로 나와 명예롭게 얻은
자랑스러운 이름이여, 당신은 영원히
우리와 함께할 이 땅의 주인이십니다.

그대, 자랑스러운 이름이여
가슴에 응어리진 지난 세월 모두 내려놓고
조국의 품 안에서 편안히 잠드소서

***6.25전사자 유해발굴 거행식에서 낭독했던 헌시

그대, 서러운 이름이여

지금 그 사람 이름은 잊었지만
그 눈동자 입술은 내 가슴에 있네
62.5 동족상잔의 폐허 속에
헐벗은 식민지에서 태어나
도시의 낭만과 허무를 노래하고
전쟁으로 폐허가 된 고향을 통탄했던
신사의 자존심 명동백작, 박인환

시를 통해 그 사회를 살아가려 노력하고
문학의 형식을 허물고 소통을 갈구한
마구 풀어헤쳐 널브러진 그대의 빈자리가
다 아물기도 전에 가을 나뭇잎처럼
아쉽게 우리들 곁을 떠나간
그대, 서러운 이름이여

영겁永劫의 전설들이 물밑까지 녹아내려
산이 말없이 내려와 피안彼岸으로 들고
천 년을 흘러도 마르지 않는 강물
자연이 살아 숨쉬고
문학이, 낭만이 살아 숨 쉬는
잘 살고 행복한 생명의 터전
하늘이 내려준 이곳, 인제

이제, 당신의 고향은
사계절 아름다운 빛깔로 노래하고
여기에 당신의 이름을 기억하는
문학관이 태어났습니다.

목마와 숙녀가 우리들 곁에 남아 읊어지고
시대를 넘어 세월이 가면을 노래하듯이
여기 발길 머무는 모든 이들에게
불멸의 이름 석 자 다시, 아름다운 희망으로
그 서늘한 빛깔의 이름을 기억해주기를...

추모백일장, 대학생공모전, 신바람 나는 병영문학상
사람들이 살아가는 이야기가 살아 숨 쉬고
당신을 기억하는 사람들이 정성으로 터를 닦고
마음으로 기둥 세운 이곳
예인의 고향, 문학의 터전으로 거듭날 수 있도록
그대, 그리운 향기 오래도록 머무소서

** 박인환문학관 개관식 축시

그대, 그리움이란 이름으로

하늘도 청정히 고운 날
갈피갈피 쌓인 사연, 홀연히
남겨두고 웃음 가득 건네주던
따스한 손길도 귀에 익은 발길도

먼 길이라
꿈에서도 생각 못 한 황당한 길이기에
아직도 뛰는 가슴, 뜨거운 피도 모두
손끝으로 전해와 아련한데

그대, 아쉬운 길 어이 가셨나이까
행여, 가는 길 서럽지는 않는지요
행여, 가는 길 원통하진 않는지요
행여, 가는 길 힘들지는 않는지요

이제, 한 많은 사연일랑 고이 접어
남은 자의 몫으로 남겨놓고
이승에서의 못다 한 그리움
모두 내려놓고 편안히 가소서

꽃이 피면, 여름이 무성하면
노란 단풍이 들면
하얀 눈이 내려 계절을 덮어도
이루지 못한 꿈, 아쉬운 길
따스한 인정, 그대
그리움이란 이름으로 오래 기억할 것입니다
편안히 가소서

**고 문운경 시인을 생각하며

46번국도

마흔여섯의
무명의 시인이 간 무덤이 있다.
찢어져 스러진 길 위에
채 식지 않은 글줄 들이
멀리 피어나는 달빛처럼 모락모락 산화하고

산자락 그 자리에
구불구불 산허리 돌면
그녀의 하얀 미소가 웃으며 반기고
그녀의 수필이 산수화가 되어
진한 묵향을 선물한다
오르막길 힘겹게 오르면 그녀의 소설이
숨차 오른 땀 훔쳐내며 삶을 살아간다
그녀의 꽁트가 줄줄이 사연 만들며 골을 이루고
그녀의 시가 웃음 되어 흩어진다

양구-춘천 가는 길
마흔여섯의 비명횡사한 무명의 시인이
46번 국도를 지키고 있다

*마흔여섯의 소설, 시, 수필, 꽁트 장르의 구분 없이 글을 쓰다 등단하기도 전에 46번 국도에서 불의의 교통사고로 죽은 시인을 기리며…
*그 후 문학동호인들이 그녀의 백일장 입상작, 시, 수필, 꽁트, 소설을 엮어 유고집, 46번 국도 『길』 이란 책을 펴냈다.

길 위의 남자

길게 늘어선 매연
줄달음치는 차선들은 거세게 바람을 일으키며
사내를 밀쳐내지만 시선은 아랑곳하지 않았다
무엇인가를 찾는 듯 물끄러미 바닥을 쳐다보는
아무것도 있을 것 같지 않는 길, 차들이 경적을 울린다
한 번 쳐다봄직한 반응임에도 무시한다
차들의 뒤꽁무니를 따라 속도를 무시하고 달려본다

백미러 속으로 비켜가는 남자
혹 지나간 청춘의 시간을 찾고 있었던 것일까
생각을 놓아 버린 것 같은 추임새
머릿속에 남아 있는 그의 생각은 꼬리를 붙잡고

장마가 온다는 일기예보가 나온 지
꼭 3일 만에 비는 내렸다, 다 늦은 저녁
하마터면 창밖을 보지 않았더라면
꿈속으로 사라져 버릴 뻔한 아주 작은 비가
미숙한 내가 느끼는 건 감촉일 뿐이었을까?
미세한 털끝 스치는 한기 도는 느낌
위험한 순간들을 잠시 걱정해본다

아버지와 아들

오랜만에 마주앉은 듯 말이 없다
아버지는 네 번이나 영창을 갔다 왔어
너스레를 떨며 말을 꺼낸다
묵묵히 듣고 있는 아들,
오래 묵은 체증을 가라앉히며 할 말을 줄인다
군인이 영창을 간다는 건 죽는다는 것이야
처음에 정말 죽지 않을 만큼 맞았지
그런데 두 번째는 어이없어 하더니만
세 번째는 반갑게 인사를 하는 거야
갈비 집에서 삼겹살을 시켜놓고 아버지는 맥주잔을 들이킨다
군대 가는 아들한테 할 말이 너무 많은데 고작
아버지 군대생활 할 때 영창 갔다 온 얘기를 하고 나니
잠시 침묵이 흐른다
아들이 다섯 살 때 혼자가 된 아버지
해준 게 없어 미안하다
고맙다, 미안하다, 사랑한다 말을 하고 싶은데
자꾸만 새어 나가는 언어
코끝을 잡고 흘러내리는 서러움이 한꺼번에 복받친다
코흘리개 철부지 어린 아들이 어엿한 성인이 되어
나라의 부름을 받은 오늘
초라한 삶의 상념마저 아들을 향한 죄스러움에
하마 부끄러워 숨죽여 우는 아비

하늘과 닏고 선 땅 마른 웃음 풀풀 날리며
덜떨어진 아비를 꼭 안아주는 아들의 미쁜 얼굴
시간이 흐름을 잡을 수만 있다면 붙들어 놓고 싶다

건널목

가을을 기다리는 나른한 오후
신호를 기다리는 종종걸음 건널목
순간 황당한 일이 시선을 집중시킨다
빨간 신호등 졸고 있는 틈을 타
당당하게 오른손을 번쩍 들고 건너가는 할아버지
건너가면서 뒤를 보며 누군가에게 말을 건넨다
애써 외면하려는 듯 이리저리 딴짓 하는 할머니
할아버지가 토라지셨는지
할머니는 아랑곳없이 성큼성큼 건너가
골목 어귀를 휙 돌아간다
딴짓하던 할머니도 걱정이 됐는지
이 사람 저 사람 눈치 보며
할아버지 놓치지 않으려
기어코 신호등을 무시하고 건넌다.
쳐다보는 눈길들, 오후 햇살 따사로움
외면하느라 바쁘다

자활센터

뜬금없이
지게 만들고 삽 만든 사람 지옥 갈 거란다
출근하고 커피 타임
참여자 한 사람이 투덜댄다
그때는 대우중공업이 중소기업이었을 거야
위로도 아닌 불평도 아닌 또 하나의 말
대우에 대 자도 없었을 거란다
그럭저럭 살아가는 민초인생
어린이날 휴일이어서
논에 가서 지게 지고 삽질하느라
땀 뺀 이야기를 투덜투덜 털어놓는다

아무것도 아닌 그게
일상의 생활이라고 말해주고
사람 살아가는 맛이라 일러주고
살아있다는 것이라 말해주고 싶은데
아무런 희망이 없는 제도권안의 제도
살아갈 희망도 잃어버리고
미래를 설계할 꿈도 없다
살아가는 최소한의 의무를 갖고
숨을 쉬는 공간, 누가 뭐래도
이것도 또 하나의 삶
하루를 열고 그 하루를 마감한다

낡은 가방

밤새 신열을 앓듯 뒤척이던 열정의 찌꺼기들
단풍의 노란 추억을 더듬는 것일까
여름 내내 웃고 있던 자작나무도 아무런 말이 없다
얼마 남지 않아 다가올 추운 기억들
힘겹게 하루의 짐을 부려놓는 시간
이만구천 원
꼬박꼬박 말일이면 통장으로 입금되는 하루 치의 수고
수도 없이 만지작거려 빽빽이 들어선
작은 숫자들이 빈칸을 채우기도 전에
너덜너덜 누더기를 걸치고도
색까지 바래버린 누런 통장
덩그러니 놓여있는 단풍잎 같은 구겨진 가방 속으로
한 치의 오차도 없이 염치없이 들어온다
한 달 내내 일해 봐야 스무날을 겨우 넘기는 일당
절반은 아들 병원비로
그 반의반은 삭월 세로 뭉툭 빠져나가 버린 가난한 통장
열두 달을 꼬박 계절을 갈아입지도 못한 가방은 그저
누런 통장이 들락거리는 작은 꿈만을 먹고도 주인을 배반한 적이 없다
무엇이 희망인지, 무엇이 오기인지도 모르고 남아 있는 희미한 의식

꿈처럼 화려했던 추억도 열정을 불사르던 지난날의 젊음도
기억해내지 못하는 잃어버린 날을 붙잡고 이만구천 원 일당
에
주차, 월차 무슨 보너스라도 받듯이 덤으로 얹어진 족쇄
허기짐에 늘 외로워도 흔한 단풍놀이 한번 가보지 못해도
낡은 의식 하나 붙잡고 있어도
그것이 살아내는 것이다.

변명

서른아홉 저승 간 설동네 아줌니 시집오던 날
아저씨는 합환주 받고 길게 올라간 상다리 밑으로
슬쩍 아줌니 얼굴 훔쳐보다
기겁을 하고 줄행랑을 놓을 뻔했단다
생기다 말았어도 그렇지 그리 못생길 수가
아버지 사주단자 갖고 점집 찾던 날

찢어지게 가난한 대물림 면한다는 보기 드문 궁합이라기에
얼굴 한 번 보지 않고 덥석 횡재라도 하듯이 받아든 사주단자
잘 살았지 일곱 번째 아이 낳다 죽던 날까지...
점집 할미한테 주고 온 복채가 아깝다 아니했는데
서른아홉에 갈 팔자라면 차라리 가난이 나았지
일곱 자식 버젓하게 한 자리씩 차지하고 살고 있건만
사는 게 그런 거란다 헛헛한 웃음 흩어 놓으며
짙은 웃음 자지러지게 늘어진 어느 날

정신이 번쩍 든거야
이렇게 늙어가다 죽을 순 없다고
이제 식상(食傷)한 군더더기는 빼야지
지나온 삶이 반성적 사유도 아니다
생각의 폭을 좁히던 관념적 틀에서 벗어나는 거다

그저, 달빛 사이로 어스름한 구름을 보았을 뿐이라고 해도
좋다
아주 능숙한 솜씨로 그려낸 자화상은 아니더라도
외로움에 지친 상흔 위로하며 살자

화려한 외출

사내의 넥타이는 분홍색이었다

일곱 살 때라던가
궤도를 이탈한 회색빛 하늘이 쏟아져 내리고
허공을 찌르는 아픔은 다리보다 무거운
자동차 바퀴가 한바탕 지나간 다음이라 했다
무릎 관절이 채 여물기도 전
잘려나가다 억지로 붙여놓은
기역자로 된 다리를 본 게 기억의 마지막이었다고

글줄을 배우기도 전 인생을 반쯤 알아버린
소년은 신들린 사람처럼 자동차 기름때를
손톱 밑으로 주워담았다
멀쑥하게 차려입은 양복 사이로 환하게 웃는 분홍색 넥타이
화해하지 못한 설움 덩이를 몰래 숨겨놓고
미처 토해내지 못해 하얗게 웃고 있는 검게 그을린 얼굴
절룩거리며 사람들을 헤집고 걸어간다.

손톱 끝에 검게 엉겨 붙은 기름때
차 밑으로 기어들어가 나사를 조일 때마다
벌어야 한다는, 차갑게 밀려드는 오기
영정사진을 카센터 정문에 걸어놓고
매일을 마지막처럼 산다는 사내는
온 힘을 다해 상처의 흔적을 지우고
기름때 허옇게 분칠한 하얀 얼굴로
잘 살았다고, 삶의 귀감이 되었다고
표창장을 받으러 걸어간다

도리안

피안의 세상으로 오는 이여
도솔천 휘감아 내려오는
인간사 시름의 숲 비우사
도리안 넓은 골 환한 혼으로
세상 불 밝히소서

떠오르는 샛별 따라
그대, 저믄 하늘 별이 되어
이 세상 후손들 굽어보소서

윤회의 의식을
깊이깊이 내설악 중심에 담아
혼불 사르는 이여
오가는 이 발길 넉넉히 보듬어 주고
계절 따라 흐르는 산수 벗 삼아
그대
영혼 편히 쉬소서

* 도리안 : 인제군 남면에 있는 장례식장

소풍

물 좋고 정자 좋은 데 없다지만
여기가 무릉도원이 아닌가
넓은 돗자리 두 개 깔아 놓고
여섯 명의 아이들의 훈장 선생이 되었다
어줍게 주워들은 옛날이야기 한편에
아이들은 뿅 가고
가끔씩
군부대 물품을 실어 나르는 헬리콥터 소리만 빼면
물소리 고만고만하게 들리고
새소리 풀벌레 소리
이른 가을 소식 전해주는데
노란 들꽃 한 다발 꺾어다 주니
아이들 꽃 잔치 열렸다
난데없이 한 놈이 애국가를 부른다
4절까지 목소리 높여
서로 질세라 목청 돋우는데
삼겹살은 숯불 위에서 노릇노릇 익어가고
이게 무슨 조화인가
깊은 산 속
삼겹살 냄새 애국가 꽃 잔치
골 따라 주저리주저리 흘러드는 저작거리 소리에
산삼 할아버지 놀래서 산을 내려왔다
허허 웃고 가겠구나

영등 굿

칠성판 등에 지고
혼백 상자 머리에 이고
바다로 물질하러 나간다
오븐작 따라간다

삶과 죽음이 공존하는 바다
힘겹게 삶을 얻은 한 맺힌 터
파도 따라 물결 따라 휘이 휘이
갈라진 숨비소리

햇볕에 잘 익은
둥근 박 하나에 생명줄 이어 달고
조락, 골각지, 질구덕 짊어지고
바다에 몸을 풀어 저승길로 들어선다

생이 있어 다시 태어날 수 있다면
하얀 박꽃 같은 새색시로 태어날까
대감집 안방마님 고운 딸로 태어날까
태왁에 몸을 실어 꿈을 버린 바닷길

목숨 줄 담보로 자연으로 들어가
파도와 한몸 되어 출렁인다
이어 이어 이어도 가는 길
영험하신 영등할망 굽어살펴 주소서
바다 풍년 어부 해녀 굽어살펴 주소서

솟대야 설악을 날자

솟대작가 신종국, 그가 초대한 세상

새소리, 바람 소리, 계곡물 소리
하늘이 주는 대로 묵묵히 벗하며
침묵으로 살아온 수많은 세월
대청봉이 바라보이는 내설악 작은마을
산자락 고운 꿈 먹고 자란
솟대가 내려와 이야기들을 쏟아놨다

풍농을 기다리며, 애원, 그리움, 황혼 솟대
뿌리 조심, 행복한 하루, 목부작과 솟대
둥지, 사랑, 속삭임, 단란한 가족, 하늘에 대한 소망

그가 만드는 세상엔 이야기가 살고 있다
아기자기한 동화가 비눗방울 풍선처럼
통, 통 튀어 오르고
가족의 훈훈함이 삶의 연륜이 묻어난다
그가 깎은 자리마다 민초들의 삶이 살아 숨 쉬고
해악이 있고 이웃의 정겨움이 있다
애써 감추려 하지 않아도 웃음이 배어 나오고
가슴 한켠의 뭉클함이 솟아오른다

오늘도 설악산 대청봉 굽이마다
배낭 하나 메고
그가 만드는 소박한 세상
솟대야 설악을 날자

**풍농을 기다리며, 애원, 그리움, 황혼 속대, 뿌리 조심, 행복한 하루, 목부작과 솟대, 둥지, 사랑, 속삭임, 단란한 가족, 하늘에 대한 소망 – 작품의 이름

솟대야 설악을 날자

- 두 번째 이야기

솟대야 설악을 날자
하늘도 맑고 고운 날
하염없이 풀어헤친 자리마다
그리움만 가득하여라

활활 타오르는 대지의 아름다운 선율
홀로 우뚝 서 하늘 향해 노래 부르면
밤의 뜨락에 조용히 내려앉아
밤새워 창문 두드리는 아련한 추억

발자국도 드문, 바람이 쉬어가는 언덕 위에
별 무리 총총 빛나고 그리움 무성히 흩어지면
그리운 이야기들은 어제보다 더 많이
용광로처럼 끓어오르는 심장 끌어안고
애절한 긴 기다림으로 빚어낸
8도의 장인들이 혼이 담긴 아름다운 솜씨

긴 꽃발로 선 하늘 향한 그리움
인제 DMZ 평화생명동산에서
통일의 염원 깊이깊이 내설악 중심의 담아
희망을 꿈꾸는 고운 빛깔
오가는 모든 이의 발길 넉넉히 보듬어

디디고 선 이 땅의 평화와 통일
이루어지게 하소서
발길 닿는 곳마다 꿈꾸게 하소서
마주 잡은 손길마다 사랑하게 하소서

** 8월 15일 DMZ평화생명동산에서 8도 솟대작가전이 열렸습니다

- 자작시를 낭송해달라는 요청을 받아 어렵사리 지은 졸작입니다.

詩를 쓰는 남자

아직 그 남자의 아내가 되지 못한 여자는
하루에도 몇 번씩 헤어지는 연습을 한다
문학이 죽고 의식이 죽어버린 세월을 한탄하며
여자의 시안을 깨우쳐 주려는 듯
온몸으로 각혈을 토해내듯 열정을 불사르는 독백
존재의 가치를 몰라 목마르게 찾아 헤매다
독백처럼 흘러내리는 술잔이 허기지다
3월이 흩뿌린 어느 날에도
봄을 맞이하지 못한 서러운 날들

그의 자리에는 언제나 술이 함께한다
이승의 옷 훌쩍 벗어 버리고 싶어
잡초더미 무성한 세상살이 스스로 지쳐
꺼억꺼억 목으로 삼킨 눈물
봄빛이 햇살을 찌른다
꽃잎 날카롭게 세운 함박진 웃음들이
햇살에 주눅 들어
꽃잎이 그늘 속으로 숨는다

리더

목간통에서 나온 근육들이 일제히 반란을 일으켰다
스팀작용이 영향을 준 짧은 시간
아니, 살아온 날에 비해 짧은 시간이었을 것이다

머리는 나른함에 이미 익숙해져 버려
애쓰려 하지 않았다
나비가 되어 날아가지 못한 애벌레가 있다고도 했다
꽃을 피우려 물줄기 끌어 올리다
오랜 시간 침묵해야만 했던 날은
근육이 이완된 틈을 타 주인에게 항거하고 있다
뼈에 사무친 기억은 사라지지 않았다
깊은 공명의 소리를 듣고도 눈치채지 못한 머리는
아직도 웅장한 숲을 거닐고 있다.
앞서가는 일들만이 몫인 양 분주하다
그래 봐야 이미 목덜미까지 차오른 헐떡임
상념의 끝을 잡고 윙윙 울어대던 바람 한 줄기
이내 현실을 직시하지 못한 채 포기하고 만다

숲에 사는 그들은 사람과 비슷했다
무리의 생존을 위한 굶주린 여행
리더가 되기 위해 자칼의 습성과
기린의 모양을 열심히 탐구하고 있다

사이버 하늘

어둡다, 숨이 막힐 것 같은 공간
어느 게 진실인지, 거짓인지
도무지 분간이 가지 않는 세계

광란의 밤들을 위한 축제를 위해
고뇌의 시간들이 지나간다

유혹하는 단어들과
책임지지 않아도 될 언어들은
한데 어우러져 열정을 태운다
그들만의 세계에서 꾼이 된다

꾼들이 모인 사이버 하늘은
캄캄하다

난해한 시들이
모더니즘이라고 부르짖는 것처럼
그들은 어둠을 동반한 눅눅한 시간들을
실오라기 같은 별빛의 줄기를 잡고
흐느적거린다
그 어둠 속에서 친화되지 못한
아웃사이더 역할을 독립운동 하는 것마냥
풀어헤치고 즐기고 있다

도무지 분간이 가지 않는
사이버 하늘
햇살 아래 존재하지 않는
어둠의 세계임은 분명하다

6부
모던포엠 포커스

흙의 자술서

어느 때부터인가 당신의 발 냄새
문득문득 그리워 모반을 꿈꾸었지
고무 냄새 펑펑 풍기며 화학비료 잔뜩 뒤집어쓴
커다란 발자국 꾹꾹 밟을 때마다
아무 소리 못 하고 숨죽여 당신이 오기만을
네모 칸에서 퀴퀴하게 범벅이 된 산소 들이마시며
공포에 쌓인 심장들이 찍 찍 갈겨버렸을
수많은 닭똥들이 우르르 쏟아지던 날
기다리다, 이내 쓰러지고 마는 순간엔
햇볕 위로 쏟아지는 기막힌 광경들을
숨 막히게 바라보고 있었어

쪽빛으로 흐르던 7월이 다 간 어느 날
장맛비 무시로 떨어져
닭똥 냄새 단단한 그것을 붙잡고 있던 배추 잎들이
기운을 채 차리지도 못한 채 죽음을 받아들이고
다시 맑게 게인 9월 어느 날, 화학비료
큰 발도 찾아오지 않는 어느 날
아무것도 살 수 없는 흙냄새를 풍기며
시름시름 앓았던 거야
아주 짧은 시간이 흘렀을 뿐이었지
새봄 기약할 수 없음을 담보로 용기가 필요했던 거야

버려진 흙이어도 다시는 숨이 막힐 것 같은
튼실한 열매를 핑계 삼아 쏟아내는
화학비료 더미에 내가 죽어갈 수는 없는 거였어

당신의 맨발 냄새가 무시로 그리워서

할머니의 방

한 평 남짓한 유리창문은 마당을 향해 나 있다
할머니는 그 유리창으로 십 년을 넘게 세상과 이야기를 한다
치마를 둘둘 말아 반쯤 걷어 올린 안쪽에는 언제나 뻥튀기가 놓여 있다
이가 다 빠져 입을 오물거릴만한 것치곤 뻥튀기만 한게 없다
틀니를 수도 없이 입속으로 넣었다 뺐다 하면서도
정작 음식을 먹거나 뻥튀기를 먹을 때는
사기로 된 국 사발에 물을 잔뜩 뒤집어쓰고 얌전하게 있다
뻥튀기를 다 먹고 나서야 맥없이 틀니를 입안으로 집어넣는다.
얼굴에는 군데군데 검버섯이 무성하게 돋아나고
찢어진 단추 구멍 같은 눈은 나이가 들면서 점점 작아졌다
표정조차도 굳어 주름살이 깊게 패인 곳엔 거무스름한 자국이 생겼다
할머니의 방은 언제나 퀴퀴한 냄새, 모기향으로 얼룩진 그을린 냄새가 난다
겨울 한 철을 빼곤 줄기차게 모기향을 피운다
한쪽 벽에 못을 박아 옷걸이 대용으로 쓰는 벽에 덮개로 쓰는
하얀 옥양목 천이 누렇게 변할 때까지 모기향을 피워대는 것이다
손가락은 끝 마디가 관절로 반쯤 구부러지고

그마저도 곧지 않아 옆으로 삐딱하게 틀어져 있다
할머니의 걸레는 닦는 게 없다.
늘 손에 분신인양 쥐고 있어도
신경통으로 앉아있는 방석만 한 공간도 닦아내지를 못한다.
틀니를 국 사발에서 건져낼 때 같이 떨어져 나가는
물방울 몇 개를 닦고 있을 뿐이다
깊어가는 욕창의 냄새를 사각 유리창 안에 가둬놓고
붉은 노을의 손짓에 힘없이 스러져간다

바람이 건네온 말

오랜만에 건너다본 신발장
묵은 때가 소복이 내려앉았다
서걱서걱 지난 낙엽은 때가 아님을 알았는지
하나둘씩 봄 햇살 아래 흐느끼고
이제, 내가 계절을 인식해야 하는 시간

애돌아 아픈 상념 하나
훨훨 타오르는 불덩이 속으로 던져놓고
빛이 넘치는 어느 멋진 날
그때쯤 물어볼 말이 있어 계절을 붙들지만
계절의 감각은 별 이를 말이 없는가 보다

쪽빛 바람 무시로 그리워
고운 산자락 깊은 고요 머리맡에 두고
속절없이 상념은 바람의 휘둘려 어디론가
목적도 없이 돌아오는 길도 모른 체
솟구치는 그리움 어쩔 수 없어
목 놓아 불러 보건만
그 바람 걱정 없이 숨 쉬고 살아있다

불러주는 이 많고 화답해주는 이 많아
바람맞아 생채기 난 상처쯤은 아무 일 없듯이
외면하고 멀어져 간다
처음부터 있었던 일이 아니었다
바람이 스쳐 지나간 흔적은
어디에도 당당하게 남아 있어
바람이 지나간 줄도 모르는 바람

떠나간 등 뒤로 떨려오는 흐느낌
스쳐 지나간 흔적 아파 울어도
뒤도 돌아보지 않는
이제, 나도 바람이고 싶다

주차구역

간간이 내리는 눈발 사이로 동전 하나가 굴러떨어진다
비질을 매몰차게 해댔지만 떨어질 때 하고는 영판 다르다
보도블럭 사이에 자리를 차지하고 꿈쩍도 하지 않는다
세상에 만만한 게 아무것도 없다
멍하니 앉아 뚫어져라 동전을 쳐다본다
숨 쉬며 사는 동안 한 번도 의심을 가져본 적이 없다
아니, 살아야 하는 일이 버거워 어쩌면
돌아볼 새도 없이 달려왔는지도 모른다
삶아도 삶아도 얼룩이 빠지지 않는 행주처럼
삶의 구석마다 혹처럼 남아있는 흔적
아들 먼저 저승 앞세워 손주놈 이제 대학에 입학했다
사업에 실패한 큰아들 생을 포기할 때 남겨놓은
산더미처럼 쌓여만 가는 빚더미 위에 언저진
대학입학금이 가슴을 짓누른다
다시 한 번 비질을 세차게 해 본다
풍을 맞고 쓰러졌던 오른쪽 손이
빗자루를 놓쳐 저만큼 빠져나간다
쨍하고 무언가에 부딪쳐 떨어지는 것을 멈춘다
<장애인 주차구역> 휠체어가 그려진 노면 위에 툭 떨어진다
잠시 생각을 잃어버렸다
십 년 전 앰뷸런스에 실려 가던 의식 없던 몸뚱어리가 스쳐 지난다

자꾸만 말은 머릿속에서 맴돌고 한 줄도 내어놓지 못한다
손주놈 입학금이라도 마련할 양으로
정년을 1년 남겨놓고 예순 나이에 겨우 찾은 일자리
10원짜리 동전과 씨름하는 중이다

마흔네 살의 연서

눈이 흐리다

그리 서둘러 갈 길은 아닌데
익숙하지 않는 거리의 풍경이 낯선 이방인을 거부한다.
얼굴 마주한지 10년 만에 동생의 주검을 통보받았다.
한 때, 잘나가던 신문사기자 시절
누이 같은 피붙이 창피하다고 성성하던 모습
한 많은 사연 토해내지 못해 물먹은 파란 입술

물속에서 건져 올린 동생의 주검은
목숨을 삼긴 채 세상에 제 숨을 풀어놓지 않았다
꼭 다문 입술은 공사장 한켠에 쪼그리고 앉아
혹은 전단지 뿌리는 손끝에
생을 담보로 자존심을 팔아야 했던
새파란 청춘의 한을 머금고 못난 누이 기다린다

사고 파는 것처럼 몇 장의 종이가 오가고
동생의 주검을 인정하는
절망의 내용조차 잃어버린 시간
어스름에 넘어가는 해 붙잡고 맑은 강 한 굽이 흐르면
세상에 몸이 다시 얼마나 머무를까

어찌어찌 연명했을 마 네 살의 짧은 연서
시비하는 소리 들릴까 곁에 말조차 하기 두려워
손가락에 묻은 빨간 인주, 물수건으로 닦아내며
산 사람은 살아야 한다며 영안실 뒤로하고
감자탕 한 냄비 마주하고 쓰디쓴 소주잔을 마신다

지금은 짜깁기 중

버들강아지 솜털 간지럽던 이른 봄
물푸레나무 강가를 서성이던 그리움이나
달빛에 배꽃 날리던 날
혹은 목련 흐드러지게 피어
계절의 이파리들을 주렁주렁 달고 있는 4월쯤
희망을 단내가 나도록 짜깁기한다

그래 봐야 고작
천 년 만년 살 것도 아닌데
시냇물 늘 들락거리고
이름 모를 들꽃 길모퉁이마다 피어
그리움 문신처럼 살갗을 파고들어
애쓴 흔적이 난무한 삶에서

세상에 무서울 것 없는 상처
고드름 반짝거리며 달고 있는 허름한 간판
달리던 길 멈추고 슬레이트 몇 장 덮고 있는 300원짜리
자판기 커피를 뽑아들고 무한의 도피를 꿈꾼다
무릎이 시리도록 먼 여행을 떠나 보자
나머지 일은 살아내는 자의 몫

하여 내 몫이 있을 어디에도
뿌리, 라는 근성을 남기지 말자
혹여 내가 모르는 뿌리로 자란 흔적이 있어도

마음자리

몇 달 전부터 사람이 이상했어
평생 하지 않던 바가지를 긁지 않나
평생 구두 한 켤레 가져보지 못한 사람이
느닷없이 구두를 사달라는 거야
별 해괴한 일 다 있다며 귀넘어 듣고 말았지
문상객이 올 때마다 아랑곳없이
아버지는 혼잣말처럼 중얼거렸다
얼굴이 허옇게 떠 있는 몰골로
반쯤은 넋 나간 사람처럼 그렇게

아 글쎄 며칠 전에는 읍내 갔다 막차로 들어오는데
하루 종일 밭에 가 있는 사람 데리러 오지 않았다고
투덜거리는 거야 난생처음 들어보는 얘기였지
분가루 한 번 칠해보지 않던 사람이
화장품을 사들이지를 않나
그렇게 차분하던 사람이 물 덤벙 술 덤벙
예전의 사람이 아니었어

갑자기 죽음을 맞이해야 했던 어머니
마치 죽음을 짐작이라도 하였다는 것처럼
이미 죽음은 예정된 것이었다는 것을
설명이라도 하려는 것처럼 아버지와는 전혀 무관한
그런 일이었다는 것을 말하고 싶었던 것일까
너무나 아쉬운 나이에 저승가신
어머니에 대한 그리움이었을까

아버지가 그날 보였던 그 모습
십 수 년이 지난 지금, 아직도 나는 알지 못한다

한명숙 시인의 시 세계

절망과 상실을 딛고 일어서는 삶의 노래

유 창 섭 (모던포엠 편집주간 · 시인)

한명숙 시인의 시를 읽으면 그 가슴에 맺힌 절망과 상실감(한(恨)과 절망의 순간)이 느껴진다.

그가 가지는 한(恨)의 정서는 우리 한국인이 가지는 (통상적인 사회질서의 결과로 오는, 보편적인 공유성을 가진) 한(恨)의 정서와는 다른 의미를 가진, 매우 개인적이며 변방에 밀려나도 눈길이 미치지 않는, 홀로 짊어진 외로움과 절망을 아우르는 한(恨)의 정서로 보인다.

그럼에도 불구하고 한 시인은 그러한 절망이나 한(恨)을 하나의 일상처럼 인식하고 담담하게 받아들이며 스스로 희망을 탐색해 나가는 모습을 투영시킨다. 마치 그것이 하나의 숙명이나 주어진 과제처럼…….

한명숙 시인에게 삶의 희망은 어디에서 오는 것일까? 일상화된 그의 절실함이 하나의 생활이기 때문일까? 아니면 그의 무디어진 감성 때문일까? 라이너 마리아 릴케R.M.Rilke는 "시는 체험이다"라고 말했다.

한명숙 시인의 시적 체험은 그의 생활 속에서 건져 올려지고, 그 농익은 체험 속에서 쓰여졌다고 할 수 있다. 그래서 그는 아프면서도 아프다는 말을 아낀다. 그가 아프다고 소리쳐 봐야 그 소리를 들어줄 누구도 없다는 강건한 인식이 그를 그렇게 단단하게 방어하며 일어서게 만들었는 지도 모르겠다.

이제 그의 삶이 녹아들어 있는 시편들을 읽으면서 그의 세계로 잠행해 본다. 가장 먼저 만나는 "흙의 자술서는 자전적이고 시인 자신의 내면이 투영되어 있는 시이다.

어느 때 부터인가 당신의 발 냄새
문득문득 그리워 모반을 꿈꾸었지
고무 냄새 펑펑 풍기며 화학비료 잔뜩 뒤집어쓴
커다란 발자국 꾹꾹 밟을 때마다
아무 소리 못 하고 숨죽여 당신이 오기만을
기다리다, 이내 쓰러지고 마는 순간엔
네모 칸에서 퀴퀴하게 범벅이 된 산소 들이마시며
공포에 쌓인 심장들이 찍 찍 갈겨버렸을
수많은 닭똥들이 우르르 쏟아지던 날
기다리다, 이내 쓰러지고 마는 순간엔
햇볕 위로 쏟아지는 기막힌 광경들을
숨 막히게 바라보고 있었어
-------중략------
다시 맑게 게인 9월 어느 날, 화학비료
큰 발도 찾아오지 않는 어느 날
아무것도 살 수 없는 흙냄새를 풍기며
시름시름 앓았던 거야
아주 짧은 시간이 흘렀을 뿐이었지
새봄 기약할 수 없음을 알았지만
버려진 흙이어도 다시는 숨이 막힐 것 같은

튼실한 열매를 핑계 삼아 쏟아내는 화학비료 더미에
내가 죽어갈 수는 없는 거였어

당신의 맨발 냄새가 무시로 그리워서

– 「흙의 자술서」 부분

'흙' 이 등장하는 것은 오랜 잠재의식 속의 (어쩌면 유교적이고 끊임없이 들어온 가정 교육적인 내면의 '여자는 밭이며 남자는 씨앗' 이라든가 '여자는 땅이며, 남자는 하늘' 이라는) 인식이 그의 의식을 뚫고 나온 체험적 언어로 상징화되었음직하다. 그 흙이 식물(=자식)을 키운다.

그러므로 '흙' (=화자)은 자양분이 충분한 퇴비나 화화비료(=경제적, 물질적 가치)보다는 인간적인 사랑과 다정한 부대낌이 담긴 '당신의 발냄새'를 더욱 그리워하고 있었는지도 모르겠다.

이 시에 등장하는 독한 거름 성분인 닭똥이나 화확비료 같은것(=돈과 같은 경제적이고 물질적인 것)은 삶을 이어가게 만드는 매개로서의 기능적 측면을 담아내고 행복이라든가 하는 인간적 측면은 단순한 '당신의 발 냄새' 라는 아주 작은 관심과도 같은 것이지만, 그것이 바로 삶을 일으키는 커다란 힘의 원천임을 말하려는 것이라고 할 수 있는 것이다.

그는 스스로 자신의 삶의 버려진, 왜곡된 시선 속의 삶이라는 낮춤에 있는 것이다.

그리하여 시인은 '버려진 흙이어도 다시는 숨이 막힐 것 같은 / 튼실한 열매를 핑계 삼아 쏟아내는 / 화확비료 더미에 내가 죽어갈 수는 없는 거였어' 라는 반동으로 인간적 그리움을 가지게 된 합리적 정당성을 이야기 한다.

오랜만에 건너다본 신발장
묵은 때가 소복이 내려앉았다
서걱서걱 지난 낙엽은 때가 아님을 알았는지
하나둘씩 봄 햇살 아래 흐느끼고
이제, 내가 계절을 인식해야 하는 시간

애돌아 아픈 상념 하나
훨훨 타오르는 불덩이 속으로 던져놓고
빛이 넘치는 어느 멋진 날
그때즘 물어볼 말이 있어 계절을 붙들지만
계절의 감각은 별 이를 말이 없는가 보다
--------중략-------
불러주는 이 많고 화답해주는 이 많아
바람맞아 생채기 난 상처쯤은 아무 일 없듯이
외면하고 멀어져 간다
--------중략-------
떠나간 등 뒤로 떨려오는 흐느낌
스쳐 지나간 흔적 아파 울어도
뒤도 돌아보지 않는
이제, 나도 바람이고 싶다

- 「바람이 건네 온 말」 부분

"바람이 건네온 말"이라는 시에서는 갈등하고 있는 화자의 모습을 담담하게 그려낸다.

시인의 신발장에 놓인 기억 속의 신발들, 그 속엔 아무도 눈여겨 보아주지 않는 먼지 쌓인 오랜 고독이 스며들어 있다. 그러나 "이제, 내가 계절을 인식해야 하는 시간"이라는 언술처럼 그 스스로를 일으키는 삶이 있다.

그이 곁으로 지나는 "바람"(어쩌면 그가 동경하며 그리워하던 대상이었을)은 "불러주는 이 많고 화답해주는 이 많아" 그의 심증만 올려놓고 "멀어져 가"버려서 시인에게는 "떠나간 등 뒤로 떨려오는 흐느낌"으로 남아 슬픔을 짊어지고 살면서 그도 "뒤도 돌아보지 않는 바람"이 되고 싶었는지도 모른다.

그렇게 그는 삶 속의 일상적 모습을 견디어내는 모습으로 드러낸다.

한 평 남짓한 유리창문은 마당을 향해 나 있다

할머니는 그 유리창으로 십 년을 넘게 세상과 이야기를 한다
치마를 둘둘 말아 반쯤 걷어 올린 안쪽에는 언제나 뻥튀기가 놓여 있다
-----중략------
정작 음식을 먹거나 뻥튀기를 먹을 때는
사기로 된 국 사발에 물을 잔뜩 뒤집어쓰고 얌전하게 있다
-----중략------
할머니의 방은 언제나 퀴퀴한 냄새, 모기향으로 얼룩진 그을린 냄새가 난다
겨울 한 철을 빼곤 줄기차게 모기향을 피운다

-----중략------

할머니의 걸레는 닦는 게 없다.
늘 손에 분신인양 쥐고 있어도
신경통으로 앉아있는 방석만한 공간도 닦아내지를 못한다.
틀니를 국 사발에서 건져낼 때 같이 떨어져 나가는
물방울 몇 개를 닦고 있을 뿐이다
깊어가는 욕창의 냄새를 사각 유리창 안에 가둬놓고
붉은 노을의 손짓에 힘없이 스러져간다

-「할머니의 방」 부분

아마도 한 시인이 봉사활동 중에 만나는 사람들 가운데 독거노인이 있는 것 같다. 그는 그 노인의 삶을 통하여 나이 먹은 자의 외로운 삶이 단순히 그 주인공이 가진 삶의 모습이 아니라 우리 자신의 미래의 모습이 될지도 모른다는 속내를 깔고 있다.

어찌 보면 보기에도 혐오스럽기도 할 것 같은 틀니를 빼어 국그릇에 담가 놓는 일이나, 벌레를 퇴치하기 위하여 수도 없이 피워대는 모기향이나, 이제 힘이 없어 어느 곳 하나 닦아내기 힘든 할머니 손에 쥐어진 걸레를 등장시켜 소멸되어가는 인생을 투영시켜 우리 사회가 이 외롭고 쓸쓸한 노인들에게 얼마나 눈길을 주어 왔는지를 묻는다.

다음에는 이와 비슷한 계열의 시이지만, 노년의 삶이 가지는 희망이나 곤고함에 대한 시각을 드러낸 시 한 편 "주차구역"을 읽는다.

간간이 내리는 눈발 사이로 동전 하나가 굴러 떨어진다

비질을 매몰차게 해댔지만 떨어질 때 하고는 영판 다르다
보도블럭 사이에 자리를 차지하고 꿈쩍도 하지 않는다
세상에 만만하게 아무것도 없다
-----중략-----
삶아도 삶아도 얼룩이 빠지지 않는 행주처럼
삶의 구석마다 혹처럼 남아있는 흔적
아들 먼저 저승 앞세워 손주놈 이제 대학에 입학했다
사업에 실패한 큰아들 생을 포기할 때 남겨놓은
산더미처럼 쌓여만 가는 빚더미 위에 언저진
대학입학금이 가슴을 짓누른다
-----중략-----
자꾸만 말은 머릿속에서 맴돌고 한 줄도 내어놓지 못한다
손주놈 입학금이라도 마련할 양으로
정년을 1년 남겨놓고 예순 나이에 겨우 찾은 일자리
10원짜리 동전과 씨름하는 중이다

- 「주차구역」 부분

지금 이 시대에는 국민소득 2만 달러 시대의 걸맞지 않게 경제적 빈곤층이 늘어나고 있다. 그 사회적 약자에 대한 시인의 눈길은 사업에 실패하고 자살을 선택하여 먼저 떠난 아들에 대한 안타까움과 남은 손자에 대한 뒷바라지에 대한 염려가 짙게 드리워져 있다.

그 곤궁하고 서투른 살림의 모습이 영상처럼 편집되어 "삶아도 삶아도 얼룩이 빠지지 않는 행주처럼 / 삶의 구석마다 혹처럼 남아 있는 흔적"이라는 형상으로 나타난다.

주차장 보도블럭을 쓸다가 떨어진 10원짜리 동전 하나가 매정하게 빠져나오지 않다가 겨우 빠져나왔을 때엔 <장애인 주

차구역>으로 도망가 버리는 "10원짜리 동전과 씨름중이다."라는 언술이 남루를 더욱 남루하게 만든다.

이번에는 가족사의 아픔을 딛고 일어서는 시인 자신의 억척스런, 삶의라는 핑계로 동생의 죽음을 뒤로하고 앉은 처연한 모습이 그려진 시를 만난다.

---중략-----
한 때, 잘나가던 신문사기자 시절
누이 같은 피붙이 창피하다고 성성하던 모습
한많은 사연 토해내지 못해 물먹은 파란 입술

물속에서 건져올린 동생의 주검은
목숨을 삼긴 채 세상에 제 숨을 풀어놓지 않았다
---중략-----

사고파는 것처럼 몇 장의 종이가 오가고
동생의 주검을 인정하는
절망의 내용초차 잃어버린 시간
---중략-----

손가락에 묻은 빨간 인주 물수건으로 닦아내며
산 사람은 살아야 한다며 영안실 뒤로하고
감자탕 한 냄비 마주하고 쓰디쓴 소주잔을 마신다

- 「마흔네 살의 연서」 부분

연락이 없어 지낸 10년, 물속에 투신하여 자살한 동생의 죽음을 확인하라는 통보를 받고 동생의 주검을 마주하게 되는 누이의 마음은 슬픔과 안타까움, 미안함 등이 켜켜이 얽혀 있다.

동생이 누이에게 남긴 유서(=연서)를 읽는 마음은 얼마나 슬펐을까, 그러나 이내 "손가락에 묻은 빨간 인주 물수건으로 닦아내며 / 산 사람은 살아야 한다며 영안실 뒤로하고 / 감자탕 한 냄비 마주하고 쓰디쓴 소주를 마신다."라고 삶으로 돌아오는 견고한 의지를 보인다.

우리 속담에 "남의 염병이 내 고뿔만 못하다'고 했던가?

그러한 그도 곤고한 삶 중에 희망을 "짜깁기"하는 중이라고 말한다. 전반적으로 음울한 분위기를 가진 그의 시 속에서 빛나는 희망을 찾아내는 일은 그의 삶이 견고하면서도 그 힘을 바탕으로 세상에 나서고 있기 때문이 아닐까?

버들강아지 솜털 간지럽던 이른 봄
물푸레나무 강가를 서성이던 그리움이나
달빛에 배꽃 날리던 날
혹은 목련 흐드러지게 피어
계절의 이파리들을 주렁주렁 달고 있는 4월쯤
희망을 단내가 나도록 짜깁기 한다

그래 봐야 고작
천 년 만년 살 것도 아닌데
시냇물 늘 들락거리고
이름 모를 들꽃 길모퉁이마다 피어
그리움 문신처럼 살갗을 파고들어
애쓴 흔적이 난무한 삶에서

세상에 무서울 것 없는 상처
고드름 반짝거리며 달고 있는 허름한 간판
달리던 길 멈추고 스레트 몇 장 덮고 있는 300원짜리
자판기 커피를 뽑아들고 무한의 도피를 꿈꾼다
무릎이 시리도록 먼 여행을 떠나 보자
나머지 일은 살아내는 자의 몫

하여 내 몫이 있을 어디에도
뿌리라는 근성을 남기지 말자

- 「지금은 짜깁기 중」 전문

한 시인은 봄을 맞아 "희망을 단내가 나도록 짜깁기 하"는 중이다.

"이름 모를 들꽃 길모퉁이마다 피고 / 그리움 문신처럼 살갗을 파고들어 / 애쓴 흔적이 난무한 삶에서" 그는 "슬레이트 몇 장 덮고 있는 300원짜리 / 자판기 거피를 뽑아들고 도피를 꿈"꾸는 중이다.

산다는 것은 살아내는 자의 몫이라는 그의 인생철학에 따라 시인은 그 번잡하고 힘든 삶에서의 일탈이라는 모반을 꿈꾸면서 그 속에 희망을 심는다. 그리고는 그저 뿌리 깊은 자유가 약간의 일탈에서도 곧 자신의 위치로 돌아오게 만드는 뿌리를 털어내고 그 속박에서 자유로워 지고 싶어 하는 속내를 담아내고 있다.

이제까지의 삶이 그 자신의 집착이나 견고한 특 속에서 살아온 데 대한 아쉬움이 투영된 듯이 보인다.

마지막으로 한 시인의 "마음자리"라는 가족의 이야기를 '아

버지의 입'을 통해 자연스럽게 뱉어 놓는다. 어머니가 먼저 떠나던 때의 모습과 아버지가 어머니에 대해 가지고 있던 애틋한 마음자리가 그대로 전달되는 형식으로 직조해 낸다.

모두가 가난했던 시절의 아릿한 풍경이 그려지는 이 시에서 "이미 죽음은 예정된 것이었다는 것을 / 설명이라도 하려는 것처럼 아버지와는 전혀 무관한 / 그런 일이었다는 것을 말하고 싶었던 것일까"라는 말로 아버지는 어머니의 죽음이 믿기지 않으면서, 안타까운 마음을 털어낼 수 없음을 독백처럼 드러낸다.

아마도 그러한 아버지의 마음은 얼마나 허전하고 허망했었던 것일까 하는 상념을 감상자의 몫으로 돌려세우는 기교로 그 마음을 펼쳐 놓았다. 이와 같이 한 시인의 삶이 투영된 시는 곡진하며 우울하다.

대체로 시의 길이가 길고 행가름이 없는 형식을 취한 것은 속도감 있게 읽히는 요즘의 현대시적 경향의 영향을 받은 것 같다. 그 행마다 개별적이 심상이 매달려서 전체적인 분위기를 이끌고 있는 형식도 그러하다는 생각이 든다.

그 속에서 끈질긴 삶의 의지를 읽을 수 있다. 그러한 체험에 바탕을 둔 시가 이제까지 그의 삶을 일으켜 세웠는지도 모르겠다.

몇 편의 시가 한 시인 모습의 전부가 될 수는 없다. 그가 추구하는 인생의 숭고한 가치가 더욱 승화되고 같은 유사한 삶을 사는 동행인들에게 깊은 감동과 희망을 던져 주었으면 좋겠다는 생각이 든다. 이제 그 힘든 스스로 일서서기 위해 갇혀

지낸 질곡의 세월 동안 갇혔던 심상에서 자유로워지고 보다 열린 세상으로의 발걸음이 계속되었으면 좋겠다

그러므로 앞으로는 그의 시 속에서 강고한 삶의 집념만이 아닌, 보다 미래를 아우르는 희망의 메시지가 더 많이 발견되고, 많은 이들에게 그러한 희망을 주어 삶이 팍팍하게 느껴지지 않게 되기를 기대해 본다.

7부
나의 입상 작품들

▮2001. 5 제10회 신사임당 문예경연대회 시부문 장려▮

내 사랑 강원도

눈발이 서리서리 내리던 날
가방을 큼직막하게 싸고 군축령에 갔다
일 년도 채 안 되는 시간 속에
소인이 찍히지 않는 편지로 우체통을 가득 채우며
서럽게, 서럽게 산 날이 버겁다고
친정으로 간다 했다
강원도 두메산골에는 이젠 더 이상 못 살겠다고

가슴속 한켠에서 눈물 짖는
커다랗게 뚫린 빈자리
내 가슴에 남겨둔 채
잎 하나 질 때마다
하늘은 그 자리만큼 넓어지고
휑하니 뚫린 자리는 가슴까지 꽁꽁 얼게 했다

그래도
일 년만 더 살면 내 고향 같아질 거라며
내 손을 잡던 남편 뒤로
아직은 얼지 않는 군축령의 햇살이
힘겹게 반짝였다

이제 십 년
어항 속처럼 평화롭고 고요한 시간들은
설악을 가슴 안은 채 내게로 줄달음친다

노오란 게 가슴 벅차게 다가서는 낙엽송의 새 봄 자리
산꽃, 들꽃 만발한
아름다운 산, 봄 능선
수줍은 듯 까르르 웃음 웃는 자작나무의 더위 사냥
풋풋한 가을걷이의 넉넉한 인심
꼼지락대며 금장이라도 무언가를
얘기할 것 같은 5개월 된 늦둥이

이제 십 년 더
아니, 이 아름다운 사계절과
영원히 이별하는 그 날까지
편지글처럼 예쁘게
아름다운 사연 적어가며
오늘내일 날마다 소인 찍힌 우표 붙여가며
그리, 영원히
강원을 사랑하리

▮2004. 9 제9회 수레바퀴문학상 공모 입선▮

늦가을에

그게 진실이었어
내가 가야 하는 길이라고
마지막 잎새 하나 추위에 떨고 있는 걸
보았을 때도
외면하고 말았지
고독에 젖어 그리움 속을 헤메이면서도
마지막 잎새의 달콤한 속삭임에
난 가슴만 벅찼을 뿐이었지
하나씩 하나씩
친구도 보내고
사랑도 보내고, 또렷한 기억들도
꽃대궁을 흔들지 못한 주름살이
내 기억을 파고들면서
밖으로 나와
햇살 아래 몸을 눕히고 있었어
두려움과 초조함으로
하얀 눈을 맞이해야 하는
흔들림은 아닐 거라고
그게 진실이었어
추위에 떨면서 하얀 눈을 맞으면서도
수분이 다 빠져나간 몸부림으로

힘없이 떨어져야 하는
꿈으로 다가오는
너였어
그게 나였어
그게 진실이었어

▮2004. 10 제6회 한민족통일문예작품공모 장려▮

비익조

날자꾸나
날자꾸나
우리는 한민족 반만년의 역사를 가진 통일국가
서로 사랑을 해야만 날 수 있어
첩첩 철조망이 철의 장막을 둘렀어도
1천만의 이산가족의 한이
서글픈 눈물이 되어 어제의 아픔 위로
흘러내리더라도
빛바랜 가족사진 눈물의 약속 반백 년
돌아가야만 하는 거야
우리
두 손 놓아버려 아픔이 된 세월
모두 용서하고
너의 눈에 꿈을 싣고
나의 날개에 희망을 담아
무궁화 꽃 북녘땅 끝까지 활짝 피도록
얼싸안고 부둥켜안아
한라에서 백두까지
인도양, 대서양, 태평양까지
훨훨 날아보자꾸나

▌2007. 6 제14회 김유정 전국 문예작품공모 일반부 시부문 장려상▌

내린천

길 떠나는 물결 위에서
푸드득, 날갯짓을 한다
하늘엔 뗏장 구름
슬픔을 엮어 떼를 만든다
그 긴 물길 떠다니며 삶을 이루어야 했던
태고 적 시간을 거슬러 합강을 구비 돌면
나무들은 해를 따라 고개를 돌리고
철 지난 강변 한쪽 귀퉁이
어스름한 산 중에도
삶은 서성이며 돌아다닌다
수마가 지나간 푸른 강물 자리
피멍 든 가슴에 그 무엇 하나 남아 있어
푸른 이끼 보듬는가
회오리바람에 가랑잎 날리듯
물결이 소용돌이 속에서 허우적거리다 흩어지면
그 물그림자 나의 영정이다
내가 숨 쉬는 터전이다
오글오글 모여든 철새처럼
거센 물살 위로 붉은색 래프팅 보트들이 쏟아져 내린다
환호성에 목이 차올라
합강에서 아우러진다, 아우러져 길을 떠난다
마침내 목 놓아 저문 바다에 닿는다

▮2005. 10 전국장애인근로자문화제 문학부문 은상 ▮

무면허 의사

갑자기 명치끝이 아파온다.
뜬금없이 한나절씩 찾아와
가슴속을 후벼 놓는다
새우 모양을 하고 움직이지도 못한다.
엄마, 어디가 아파?
네 살 난 아들놈이 의사가 되었다
주먹만한 손전등을 들이대며
눈에도 비춰보고
입을 벌려 보기도 하고
가슴에도 대어 본다
저하는 꼴 하도 우스워
겨우 입술 밖으로 새어 나오는 소리로
아니야, 엄마 배가 아파
엄마, 그럼 배가 고픈가 보다
아침에 끓여 놓은 미역국에
저 키보다 큰 가스레인지에 불을 댄다
걱정스럽기도 하고 안쓰럽기도 해
그래 먹어서 죽은 귀신 때깔도 곱다던데
아픈 가슴 움켜쥐고
한 사발 말아 놓았다
저 한 숟갈 먹고 엄마 입에 억지로 떠 넣는다

우적우적 설움 반 아픔 반
고픈 배 몇 순갈 들어갔나
명치끝이 사르르 풀린다
그래, 과연 진단을 제대로 했구나
엄마의 주치의로 손색이 없구나

▮2006. 10 제5회 전국 여성환경백일장 운문부문 장원▮

오일장

막걸리 몇 사발이 나른하게 취해 물미역 같이 미끄러지는 오후
햇살이 팔려간다
날이 시퍼렇던 뻥튀기 노인네는
튀밥 몇 봉지 놓인 노점상을 마누라한테 맡겨놓고
조금 모자란 듯한 아들에게 장사시키는 핑계 삼아
해장국집 나무의자에 걸터앉아 탁배기 잔을 비운다
배운 게 장사라지만 모자란 게 더 낫다
좌판 가득 덤으로 주던 너스레도 동이 나고
걸쭉하던 입담마저 외상이지만
모자람을 보태주는 장터의 인심으로 전대는 두둑하다
장터의 웅성거림을 뒤로하고 무공해 골목을 돌아
동해바다 물빛 푸른 고등어가
힘겹게 한계령을 넘어왔을 어물전을 지나면
떨이 장을 보러 나온 인파들로 좁아진 통로에
하체를 질질 끌며 거북이처럼 느리게 기어가는 남자
실 꾸러미, 가위, 머리빗, 생활좌판이
구성진 노랫가락과 함께 길을 안내한다.
누구 한 사람 그로 인해 통로가 막혀도 불평하지 않는
따뜻한 가슴이 있는 곳
꽃 살림 여편네 쨍그렁 인사하는 뒤로

삶의 냄새가 질펀한 나물 파는 아줌마의 풋풋한 정 몇 단 위로

어머니의 투박한 손등 같은 넉넉한 낙엽 한 장이 덤으로 얹혀진다.

사람 사는 소리가 들리고 사람 사는 맛이 난다

새록새록 정이 쌓인다.

어머니의 젖가슴을 만지듯 물컹한 인정이 피어난다.

하루 종일 햇살 머금은 국화꽃 화분이

노랗게 웃고 있다.

▮2008. 4. 30 제5회 강원도장애인예술제 우수상▮

오월의 향기

해거름 저녁연기 자욱이 퍼지던 하늘가
아지랑이처럼 붉은 해가 내려앉았다.
어머니의 웃는 모습을 닮은
논밭 가득 환한 웃음 지어주던 자운영 꽃
이른 봄
일찍이 피었다가
가장 화려한 날 순장처럼 눕던 넋
논밭에 거름이 되기 위해
한숨같이 피어오르던 꽃
마른 침 사키며 논바닥의 버짐처럼 번지던
어머니의 길고 긴 한숨
가엾게 떠난 쉰넷의 무덤가에
속절없이 붉은 꽃봉우리들이 웃고 있다.
저릿한 가슴 풀어헤친 양 미친 듯이 피어났다
주홍빛 자운영꽃은 내 어머니 꽃
봄을 심는 여름의 빛, 추억의 눈을 맞춘
5월의 여신

▮2008. 10 제7회 전국여성환경백일장 운문부문 장원▮

노을

어머니의 가슴 같은 그리움을 씹는다
파장이 긴 붉은색이 물컹거리며 다가선다

쉬~익 쉬~익
숨이 차올라 뭍으로 얼굴을 내밀어
쉰 바람 길게 파도를 일으키는 하루
온종일
쥐가 날 것 같은 자맥질에도
어김없이 지는 해 붙잡으며
먼 수평선 너머
하얗게 새어 나오는 오징어배의 흔들림을
앉은 키 만큼의 눈길로
가슴속에 묻는다

진한 성게국 한번 먹어보지 못한 손끝은
숱한 가시에 멍이 들고
선착장 한켠에 수북이 쌓이는 껍데기들은
휑하니 가슴속에 쓰러져 있다
바다의 몸을 풀어
삶과 죽음을 넘나들던 생
붉은 피 토해내며 노을 속으로 사라진다

▮2008.9 실로암문학상 대상▮

내 친구는 목공 도장장이었다

오늘도 그는
자신의 일을 대신 해 주는 기계음을 뒤로하고
직사각 나무틀을 돌리며 주인 없는 이름을 만든다
언젠간 기억으로 남아있는
혹은 주변의 잘 아는
혹은 한 번쯤은 들었을 법한 이름들
한때는 그의 손이 닿는 곳마다
빨간 자국들이 생생하게 남겨졌을 화려했던 길 위에
동강 난 나무 조각대의 파편들을
엇박자로 단단히 고정 시킨다
문득 낯선 조각칼이 그를 노려본다
도장의 둥근 원 끝에 선 뭉툭한 날
몸서리치도록 섬짓하다.
하기야 그도 한때는 전부인 줄 알았던 사각 틀이
아무런 대책 없이 무너져 내릴 때
한 번의 고뇌도 없이 인정하지 않았다

술집에서 새벽을 맞이하는 시간
그의 어깨는 슬픔을 토해내고 있었다
나이는 훈장이 아니었다.
컴퓨터 기계에 밀려 자꾸만 작아지는
그의 조그만 사각 틀
점점 힘을 잃어가는 그의 한쪽 다리는
목숨처럼 다듬어 익숙해진 사각 틀이
버팀목이 되어주지 못했다
많은 세월을 대신하는 낡은 조각대
오랜 침묵이 먼지를 털어낸다
술기운을 빌어 비틀거리는 지나간 시간들
그는 기억 속으로 묻어두려 애쓸 뿐이다

<요즘의 나의 근황>

나의 요즘은 바쁘게 살고 있다고 말하고 싶다. 나를 아는 사람들은 나보고 지독하다고 한다. 직장생활을 하면서 아침, 퇴근 후, 주말에 밭 천 평 정도 농사를 짓는다. 작년에는 옥수수, 들깨, 차즈기, 곰보배추, 개똥쑥 등을 심었다. 옥수수는 6천주를 심어 반은 팔아서 밭 임대료와 퇴비 값하고 반은 지인들과 나눠 먹었다. 개똥쑥은 필요한 사람한데 거의 나눠주고 십분의 일 정도 효소를 담았다.

곰보배추와 차즈기는 거의 효소를 담았고 들깨는 기름을 짜려고 장만해 놔뒀다. 더불어 밭에서 경작한 것들과 산에서 채취한 재료들로 효소를 1,000kg 정도 담았다.

나중에 판매할 기회가 된다면 팔아서 『시인이 만드는 효소 이야기』나 『시인이 만드는 발효식품 이야기』란 책을 쓰고 싶다. 물론 요즘 방송에 효소에 대한 좋지 않는 많은 이야기들을 한다. 방송에 나오는 것처럼 효소가 아니라 발효식품이어도 좋다.

나의 경험상 효소를 담을 때 들였던 정성이나 농사를 지으며 내게 다가왔던 마음의 쉼 들은 세상을 살아가게 만드는 또 하나의 이유였고 건강을 단단하게 하는 마중물이 되었던 것만은 분명한 사실이므로… 지난 3년 동안 60여 가지 발효식품을 만들며 실패도 하였지만 직접 경험한 레시피를 세상에 내어놓고 싶은 것이다.

난 가끔씩 차를 타고 무작정 길을 나서기도 한다. 사무실에서 근무하다 도저히 내가 감당할 수 없는 지경에 이르면 반가를 내고 돗자리 하나 챙기고 얼음 생수통 몇 개, 노트와 펜을 챙겨 무작정 가다가 나무 그늘에 차를 세워 누가 보거나 말거나 돗자리 펴놓고 글을 쓰다 온다. 아마도 나의 휴가는 그렇게 글쓰기와 교육 등 배우기로 다 쓰는 것 같다.

앞으로도 제2의 직장, 아니 나의 노후를 위해 효소 담는 일이나 된장, 장아찌 등을 담는 일을 계속할 것 같다. 물론 농사도 계속 지을 예정이다. 그리고 조직개편 때문에 잠시 쉬고 있지만 이제 고등학교를 들어가는 늦둥이가 대학졸업 할 때까지는 직장도 계속 다녀야 할 것 같다.

8부
축하의 글

축하의 글

정말 열심히 살고 있는 것이 느껴져

글을 쓰는 한 여인을 접한 지 벌써 10여년의 세월이 지난 것 같다. 살아 움직이는 삶의 고단할 때도 그는 시를 적어 내려갔다. 시에 대한 열정과 글 쓰는 사람들과의 유대관계도 독특함이 있었다. 젊은 그를 바라볼 때 정말로 열심히 살고 있는 것이 느껴진다.

지체장애인협회 기숙사에서 아이를 키우면서 생활을 하고 있는 그는 당당해 보였지만 그는 마음이 강하지 못했다. 혼자 살아가기 위해 나만의 울타리가 단단해져 있었다. 그럴 때마다 그를 바라보면 가슴이 찡함을 느꼈다.

그러나 그는 살기위해 굉장히 노력을 많이 하는 사람이다. 넉넉하지도 않는 생활을 해가며 방송통신대학을 다니던 것을 자퇴하고 사이버대학을 졸업하여 사회복지사 자격증을 취득하고 편입까지 하여 복지사로서 학사자격을 갖추기까지 너무도 바쁘게 살면서도 간간히 문학회 일을 게을리 하지 않고 열심히 시로써 자신을 표현하는 것을 볼 때마다 그의 삶이 무르익는 것을 보았다.

2014년에는 문화예술부문에서 인제군민 대상도 받았다. 또한, 주부독서회 활동을 하면서 어린이들을 위해 독서 학교와 다문화주부들과 함께하는 전래동화 읽기 등 재미있게 책을 접할 수 있도록 봉사도 열심히 했다.

직장에서는 센터장으로서 맡은바 책임을 다하고 아침부터 여러 곳의 사업단을 돌며 관리하고 어떨 때는 사업단 밭에 가서 일하고 왔다며 흙강아지가 되어 나타날 때도 있다.

그는 항상 모든 사업단에서 참여자들과 함께하며 궂은일도 마다 않고 해결해 주려고 노력하는 것을 볼 때는 정말로 천직이 아닌가 하는 생각이 들었다.

몸도 장애를 자졌건만 너무도 씩씩하게 일을 하며 살아가는 것을 볼 땐 정말로 인제군이 일꾼이란 생각도 든다. 그러나 요사이 그는 마음이 복잡하다. 그러면서도 인생의 삶을 아름답게 표현한 시집을 낸다며 좋을 글을 부탁했다.

그러나 나는 글 솜씨도 없는 편이라 보고 느낀 대로 조금 적어 보았다. 앞으로도 그녀의 아픈 삶이, 아름다운 글귀로 태어나 많은 독자들이 위로받고 행복해 지는 바람을 가져본다.

생명문화 강원지부장 김 미 례

축하의 글

내 가슴 뜨겁도록 사랑하고 축하해

인디언 속담에 '친구는 내 무거운 짐을 대신해서 짊어지고 간다.'는 말이 있다. 항상 나의 무거운 생각과 이야기들을 들어주는 소중한 친구가 드디어 첫 시집을 낸다고 한다. 누구보다 열정적이고 시를 사랑하는 마음이 깊었던 시인이 아픔이었고 고통이었고 기쁨도 함께했던 지난 시간들을 그를 사랑하는 모든 이들에게 시로 선물을 하려 한다.

어떤 말로 어떤 행동으로 축하를 할까 한없이 축하하고 수많은 작품을 이 세상에 탄생시킨 그에게 진심으로 박수를 보낸다. 이 한 권의 시집을 완성하기까지 얼마나 많은 한 줄의 시를 몇 번이나 썼다가 지웠다가 했을까? 시골 들판을 지날 때도 저녁이 되고 아침이 되고 화창한 날에도 궂은 날에도 모든 것들이 시였을 것이다.

축하의 글을 써달라는 부탁을 받고 기쁨과 웃음으로 흥분돼 나는 내일마냥 설레고 감동이기도 했다.

하늘 내린 땅 인제, 아름다운 시인에게서 보석 같은 시집 한 권이 태어났다. 소중한 작품을 난 몇 번이고 읽어보고 생각할 것이다. 내 착한 친구야! 내 가슴 뜨겁도록 사랑하고 축하한다. 다음 또 한 권의 시집이 태어날 그때까지 파이팅!

박 은 덕

축하의 글

사람의 마음속에는 계절이 들어있어

사람마다 누구나 사계절 같은 희비애환喜悲哀歡을 갖고 살아간다.

옛날과는 달리 문명이 발달할수록 많은 사람들이 출생지가 아닌 다른 곳에서 이방인으로 살아가고 있다. 옮겨 심어진 토양에서 뿌리를 내리고 성장하고 꿈을 펼치기 위해서는 남다른 각오와 적응력이 필요하다.

『안부가 그리운 하루』 시집을 발간하는 전 인제지역 자활센터장 한명숙이 그런 사람 중에 한 사람이 아닌가 생각되며 그는 제주도에서 하늘내린인제 이곳에 깊은 뿌리를 내리고 안착하기 위해 황야의 개척정신으로 책무에 최선을 다하고 열심히 살아온 사람이라고 생각합니다.

내가 그를 이렇게 평가하는 것은 한국지체장애인 강원도협회 인제군지회 사무국장직에 있을 때부터 지금까지 곁에서 지켜봐왔기 때문입니다. 특히 소외 계층에 있는 장애인과 자활참여자들과 같이 일을 하면서 경험했던 역경과 고난의 길을 걸으면서 느낀 애환을 글로 풀어내는 책을 발간하게 되는 것에 대해 진심으로 축하합니다.

사람의 마음속에는 계절이 들어있다고 봅니다. 자신이 살아온 만큼의 가을과 겨울, 봄과 여름이 나이테처럼 살아 있다고 보는데 꽃잎을 들추듯 지난 시간을 들춰보면 그 밑에는 늘 뾰루지 같은 슬픔의 알들이 붙어있고 곧 자그마한 벌레가 되어 날개를 달아줄 수 있는 사람을 찾아 헤맵니다. 지금의 한명숙은 가을이 지나가고 황량(荒涼)한 겨울철로 접어들었으나 그 누군가가 꿈을 펼칠 수 있도록 봄의 날개를 달아줄 사람이 있을 것으로 기대해 봅니다.

"끝이 좋으면 다 좋다고 했는데"가 아니고 "끝이 좋으면 다 좋다"고

할 수 있도록 앞으로 자기를 성찰하는 마음으로 급변해 가는 환경 속에서 조금은 더 지혜롭게 삶을 대처해 나가야 하지 않을까 생각해 보며 앞으로 더 좋은 삶으로 승화 되는 계기가 되기를 기원합니다.

인제군노인대학장 정 익 수

축하의 글

응원의 메시지를 남기는 영광

누가 어디냐고 물으면 참새방앗간 이라고 했다. 16년째 들고 살다보니 내가 방앗간 주인 행세가 되고 방앗간 주인이 큰 벼슬인양 살고 있다. 그동안 참새방앗간으로서 보금자리가 되어주지도, 안정을 보장해주지도, 허기진 배를 채워주지도, 못했지만 들을 때마다 흐뭇한 것은 사실이다.

어느 날 작은 참새 한 마리가 날아들어 제집인양 둘도 없는 친구인양 동지인양 후배인양 바라보며 살아왔다.

내가 모자란 많은 단점을 들춰내기도 하고 졸스런 나의 이야기도 들어주고, 어리지만 오히려 당당하게 살아낼 때 박수치고 응원한다. 우물 안 개구리를 가끔 끌어내 태양아래 세우기도, 세상 돌아가는 이야기도 들려주고, 집안의 우환을 거의 함께 해결하기도 하고 나의 하찮은 글쓰기에 조언을 아끼지 않는 문우이기도 하다.

필력으로도 당연 한 수 위인 그녀가 드디어 책을 내겠다고 했다. 진심으로 축하한다. 그동안 노력하는 모습, 그 바쁜 와중에도 늘 글쓰기를 게을리 하지 않는 모습을 옆에서 지켜보았기에. 책을 내면서 짐도 한도 덜어내고 한 뼘 더 성숙해지길 바라는 마음이다. 내게 축하의 글이라니 가당키나 하겠느냐만, 방앗간 주인이 식솔의 출판을 응원의 메시지를 남기는 영광을 얻었다.

누구보다 어렵고 고달픈 삶을 헤쳐 나가는 한 편, 글을 낳기 위해 산통을 겪는 모습을 상상한다. 오랫동안 쓰고 지우고 짜고 노력한 글들을 엮어 오늘 출판하는 그 녀의 날개 짓에 박수를 보낸다. 제주에서 첩첩산중 인제까지 날아와 살고 있는 참새 한 마리를 응원한다.

훨~훨~
아주
훨~훨~
날아올라라.

눈꽃 핀 가지 위에 앉은 참새 한 마리
펑펑 함박눈 내리는 하늘 높이 날아올라도
날개 젓지 않는다.
제일 빨리 제일 많이
따뜻한 햇살을 받기 때문이란다.

전)한국문입협회 인제군지부장 정 순 덕

축하의 글

시인의 면모와 입지를 넓혀가는 시집

한명숙 시인은 생각이 늘 섬세하고 깊다. 그래서 그녀의 생활이나 행위가 흐트러짐 없이 단아하다. 흐트러지지 않는 삶의 자세는 그녀의 시와도 밀접한 관계를 갖는다. 그의 시는 불필요한 언어의 사족이 배제되고 시의 핵심이라 할 수 있는 함축미가 선언하다. 그리고 서정성이 강하면서도 적당히 관념적이다. 그곳이 그녀가 구축해낸 자신만의 시적 세계인 것 같다.

살면서 늘 자연을 좋아하고 동화되기를 갈망하는 그녀, 떠나온 고향과 그리운 어머니에 대한 동경, 시인은 자연과 자신의 관념을 접목해 시를 빚어내는 재미에 일상의 모든 고뇌를 잊는다. 주부로서, 그리고 직장의 리더로서 살기에도 숨이 차는 일상인데 시적 열정이 늘 가슴을 메우고 있으며 그 열정을 주체할 수 없어서 누에가 고운 실을 뽑듯이 아름다운 시를 창작해 낸다는 것은 보통 일이 아니다.

시인으로서의 면모와 입지를 한층 더 넓혀가는 시집 『안부가 그리운 하루』의 출간을 축하하며 빛나는 궤적에 축하를 보낸다. 열심히 살고 열심히 시를 쓰는 시인의 모습은 참으로 아름답고 행복하다. 그것은 시인 많이 누릴 수 있는 영적 수혜이다.

그래서 시인은 오늘도 내일도 멈춤 없이 시를 쓸 것이다. "안부가 그리운 하루"이 한 권의 시집이 메마른 감성의 많은 사람들에게 다정한 친구가 되어주기를 갈망한다.

정 동 주

축하의 글

절실한 시기에 나오는 시집

불초 소생이 지극히 사랑하는 한명숙 시인은 머나 먼 남쪽 나라 제주도에서 출생한 분으로, 일찍이 살기 좋은 강원, 물 맑은 인제麟蹄에 삶의 둥지를 틀고, 지역 사회의 서민 복지 증진을 위해 헌신 하고 있는 공직자이시다.

그 동안 한명숙 시인은 한국문인협회 인제 지부장으로서 인제가 낳은 민족 시인이며, 우리 민족사에 기리 남을 「세월이 가면」 「목마와 숙녀」의 작품들을 쓰신 박인환 작품 세계와 그 정신 얼 선양 사업에 다년간 많은 심혈을 기울이고 있음은 물론이거니와,

아직도 열악한 우리 지역사회 문화 환경을 개선하고, 다양하게 변화하는 세계화 흐름에 따라 갈 수 있는 문학 터전을 마련하는 일이 그 어느 때 다도 절실하다고 생각되는 시기에 주옥과도 같은 작품들을 엮어 한권의 서책을 내 놓게 된 것을 매우 기쁘게 생각하며, 아울러 축하와 격려의 박수를 보냅니다.

한명숙 님의 시집 상재를 다시 한 번 더 진심으로 두 손 모아 축수하오며, 기리 문운을 빕니다

2015년 12월 끝자락에서

한국문인협회인제군지부 초대회장 한 용 운

축하의 글

억척스럽게 삶과 문학을 사랑한 여인

시와 시의 세계가 인연의 고리이며 삶의 에너지인 것만은 확실하다.

아주 오래전에 돌아가신 할머니께서 뒤뜰을 자주 가신 이유를 알 것 같다. 뒤뜰에는 잘 정돈된 오래된 장독대가 있었는데 장항아리가 유난히도 반들반들 빛이 나며 비바람의 참 맛을 알몸으로 묵묵히 지켜 왔듯이…….

첫 새벽의 서리와 같은 어제의 달빛이 오늘의 달빛이 아니듯

억척스럽게도 삶과 문학을 사랑한 여인!

그 달빛이 오늘 새벽에 뜨려 함이요.

시는 재탕이 없듯이 새로움의 힘껏 날개를 펴는 여인이여!

힘껏 솟아올라라.

온 누리에 비추어라.

희망과 절망, 빛과 어둠, 삶과 죽음은 둘이 아닌. 하나인 것이다.

한명숙 시인에 있어서도 안과 밖이 같은 안과 밖이 보이지 않는 아픔이자 희망이다.

그러한 한명숙시인의 살아 숨 쉬고 있는 원동력이고 넘치는 에너지를 시집 처녀작을 출간 한다니 진심으로 축하합니다.

큰 박수를 보냅니다.

끝으로 베스트셀러에 대박, 대박이 나길 바랍니다.

한국문인협회 인제군지부 부지부장 허 계 홍